JN320715

愛知大学綜合郷土研究所ブックレット

14

多民族共生社会のゆくえ

昭和初期・朝鮮人・豊橋

伊東利勝

●目　次●

はじめに──人種主義と多民族共生社会

私は、子供のころ九州北部の佐賀県で育った。小学校への通り道に、朝鮮人の住んでいる地区があり、ここの子供たちとは、小学校も一緒で、その中にN君という子がいた。算数が得意で、試験のたびごとに高い点数をとる。このことは、親たちもよく知っていた。そのころ私は、返却された試験は全て親に見せていた。見せれば、いつも短いコメントが返ってくる。褒められることもあり、ハッパをかけられることもあった。ある時、算数の試験を親に渡したら、N君が何点であったか訊かれた。私より高い点数を取っていたことを告げると、親は私にこう言った。「朝鮮人なんかに負けてどうするか」。

私の親戚に養豚・養鶏を営んでいる叔父がいた。そのころ、この叔父は、住み込みでPさんという朝鮮人青年を雇っていた。彼は大変まじめで、よく働くと、叔父は折りにふれて褒めていた。とくに養豚場の清掃は、つらい仕事である。にもかかわらず彼は率先して行ない、豚舎はいつも清潔に保たれていたという。その叔父がこうした話題の後に付け加える言葉は決まって、「朝鮮人も、本当は奇麗好きなんだなー」。

またこういうこともあった。近所に廃品回収業を手広くやっている、Kさんという人がいた。彼は酒が好きで、うちのお得意さんである。しかし、酒ぐせがよくなく、いわゆる酒乱になる夕イプであった。夜中に、酒を売ってくれと、叩き起こされたことがよくある。親たちは、酔っぱらいの相手をするのが面倒なので、諦めて帰るのをじっと待つこともあった。当時はまだ鉄のシャッターなどはなかったので、雨戸やガラス戸を叩く音は、どなり声とともに家中に響きわたる。これが長時間続くのだから、たまったものではない。子供の私は怖くて怖くて、布団の中で身を固くするばかりであった。一夜あけた朝餉のおり、親たちが「朝鮮人はどうしてああ酒ぐせが悪いのだろう」と言っていたのを今でも覚えている。

「N君に負けるな」、「Pは意外と綺麗好き」、「Kはどうして酒ぐせが悪い」のではない。「朝鮮人に負けるな」、「朝鮮人は意外と綺麗好き」、「朝鮮人はどうして酒ぐせが悪い」なのである。こういう言葉を繰り返し聞かされると、子供心に「朝鮮人は我々日本人より、劣っている」、「朝鮮人はいつも不潔で、汚くしている」、「朝鮮人は凶暴である。酔ったら何をするかわからない」、そして日本人は勤勉で、きれい好きで、節度をわきまえた民族である、という思考の枠ができあがるのは、当然であろう。

だから朝鮮人とは、できれば一緒に住みたくない。配偶者とすることについては、考えてしまう。何をしでかすか分からないので、警察官や消防士、公務員や自衛隊員などにすることなどもってのほか。自分と同じ会社や取引先に居たら不安でたまらない、となる。一九五二年のサンフランシスコ平和条約で、国内の朝鮮人を一方的に外国人としたこと、現在でも民族学校を私立学校として認可しないこと、在日コリアンが本名をなかなか名乗れない状況があること、等々を考えれば、日本社会にこの人たちを排除しようとする力が存在しているのは疑う余地がない。日本に長年住み、日本の生活習慣にも溶け込み、日本語を話していても、そして日本国籍を取っていても、つまり日本人になっているはずなのに、その「血」を問題にする。コリアン系日本人の存在を受け入れない。共通の「血」を有している者は、共通の思考様式を持ち、同じような行動をとると考える。口では共生を唱えつつも、目障りでしかたがない。日本に対して物申すようなことをすれば、出て行ってくれとなる。ホロコーストや、アパルトヘイト人種隔離政策を支えた人種主義的発想とたいして変わらない。

人間を民族で分類し、しかも異民族を排除したいという人種主義的な考え方はいつ頃、何を契機に生まれたのだろうか。こう言うと、多くの人は、それは人に普遍的に存在する考え方であるとか、日本人特有の島国根性、排他的性格によるものであるというかも知れない。世界史は民族と民族のぶつかり合いの歴史であったし、今も民族の違いにより紛争が生じている。しかも日本は、周辺が海に囲まれ、近世にあっては鎖国政策が採られたので、偏狭な考え方が身についてしまったのだと。

しかし、生まれや母語が違っても、争いもなく暮らしていた時代や社会は存在した。またしていることも確かである。民族紛争がある時勃発するのは、それまで折り合って暮らしていた証拠である。また、「日本人特有の考え方」というが、その「日本人」なる定義は何なのか。「日本人」とそうでない人の境界はどこにあるのだろうか。そもそも「われわれ日本人」とか、「日本人特有の」とかいう言い方は、庶民の中にずっと以前からあったのだろうか。

三河の者とか尾張の者、わたしら高師村の者は、という言葉で世の中が回っていた時代に、「われわれ日本人」はこうだ、「これが日本の文化」などという会話が日常生活の中で交わされていたとは思えない。やはり日本人という言葉が頻繁に使われるようになったのは、幕藩体制が解消されてからであろう。中央から送られてくる県知事によって、一元的に世の中が動かされるようになったことと無関係ではないと思う。そうすると、日本人はこういう性格で、朝鮮人とはあのような人達で、中国人はこれこれしかじかで、という思考方法もこの頃から強くなったと考えることが自然であろう。

ある思考様式が人々の間に定着するためには、それに対応した社会の仕組みや、出来事が必要になる。いくら新しい考え方が生み出されても、それについて共通の理解がなければ、だれも話題にしない。日本国家とか日本人という観念は、共通の経験や記憶によって形成されてゆく。これを住民一人ひとりに浸透させるためには、それ相応の手立てが必要である。つまり公教育や印刷出版・新聞・ラジオなどのマスメディアが整備され、これらを通して共通の経験や記憶が流されなければならない。と同時に、朝鮮人や中国人やロシア人やドイツ人などはどういう民族であるかの情報も提供されてゆく。自画像は、他者がなければ描くことができないからである。

そして自画像の輪郭が定まるにつれ、自分たちは単一の純血民族という考え方が強固になってゆく。社会が日本民族という大きな血縁集団によって構成されていると想像され、個人の利害より、日本国民全体の安寧、日本国の発展が優先されるようになる。個をよりよく生かすためにという論理で、個性や生き方がいつの間にか国家によって管理され、がんじがらめにされてしまう。

現在の在日コリアンや外国人労働者に対する人種主義的対応は、どのようにしてこの日本に浸透していったかを考えてみたい。たぶん、朝鮮人や中国人を、薩摩や尾張や会津の住人と同列に扱った時代があったと思う。そして同じ国民であるが言葉・風俗・習慣が違うことも在りうるとする多民族共生社会が出来上がり、あることを契機に国民は均一民族によって構成されるべきで、異質の存在は許さないという人種主義的傾向が強まるにいたったのではないか。

ここでいう多民族共生社会とは、ひとつの共同社会の中に、いろいろな民族が存在することを肯定する社会である。ひとつの国家が一つの民族によって成り立つべきで、他民族の存在を許さないという考え方はない。これとよく似た言葉だが、多文化共生社会とは違う。多文化共生は、すくなくとも民族と文化を重ねて考えない。つまり日系ブラジル人やコリアンとともにある多文化共生社会という言い方はしない。多様な生き方や生活習慣の存在を認める。日本人の中にも、文化の違いがあることを認める。

くり返すが、多民族共生社会は、ひとつの民族は固有の文化を有しているという考え方を前提にして、「血」にこだわる。日本人、中国人、朝鮮人と人間を分けて考える。だから、あの人は何々民族だからあのような行動様式から逃れられないとなる。日本人でも怠惰な人はいるし、コリアンでも勤勉な人が存在する、いや人間は時と場合により、どうにでも変化するという常識がここでは通用しない。

少々おおげさに言えば、国民国家にあってはこの多民族共生社会が、容易に人種主義社会へ移行しうることを、豊橋における在日朝鮮人の歴史でたどってみたい。それは世に言う多文化共生社会への取り組みを、過去をふり返ることによって検証したいからでもある。いろいろな施策が、多民族共生社会をイメージして展開される限り、つまり民族にこだわりがある限り、人種主義社会へ回帰してしまうことを明らかにしたいと思う。

豊橋には多くの朝鮮人が第二次世界大戦前から暮らしていたことを、あるきっかけで知った。私の場合、アジア史研究の原点は、在日コリアン問題にあると思っていたので、身近に暮らすこの人たちの現実がとても気になった。それから十数年になる。当時、東洋史を専攻した学生諸君にも、研究活動の一環として資料集めを強制した。演習と称して、戦前豊橋で発行されていた新聞七紙から、朝鮮人関係の記事を切り抜かせたのである。集まった記事には、どれもこれも驚くことばかりが描かれていた。

何よりも目を引いたのは、生き生きとした朝鮮人の姿である。自己の生活や権利を守るため、社会に対して積極的に働きかけ、手を取り合って行動していた。また意外にも社会の中に、朝鮮人が主張する民族性を認めようとする姿勢が認められた。当時朝鮮人は、一方的にではあったが日本国籍を有する存在であったから、というわけではない。

記事の多くは、巧妙になった今と違って、差別的言辞で溢れており、そこには朝鮮人の文化を否定し、これを排除したいという考え方も存在した。しかし現実は、それが主流でなかったことが読み取れる。紙面から浮かび上がった、異民族との共存を旨とする社会の限界を、朝鮮人の活動と天皇制政府による国民統合政策から探ってみたい。

新聞記事には「鮮人」「半島人」などの差別用語が頻出するが、当時の雰囲気を伝えるため、敢えて使用した。他意はない。また、読みやすさを期して旧字はすべて常用漢字に改め、現代仮名づかいとし、適宜句読点を加えた。なお文中[豊橋大衆 S5/5/13]とあるのは、『豊橋大衆新聞』昭和五年五月一三日付の記事によるという意味である。

一　朝鮮人の人口と雇用先

●――出稼ぎ・移民

　まず驚きの事実から。戦前、昭和四（一九二九）年当時、朝鮮からの手紙は、宛先を花田町と書くだけでちゃんと届いたという［豊橋日日 S4/10/8］。県名はおろか市名さえも書く必要がないほど、この町のことは朝鮮ではよく知られていたらしい。いささか誇張された話ではあるが、当時の豊橋は、朝鮮人が多数居住する町として、国内のみならず朝鮮にまで知れわたっていたようである。昭和四、五年頃、豊橋市は「内地人二十人に対する朝鮮人一人で全国の最高率を示していた」［新朝報 S8/10/29］と思われていた。

　すでに明治四三（一九一〇）年、つまり日韓併合の年には、十歳ぐらいの子供を伴った朝鮮人男性が、宝飯郡下地町某米穀商方に雇われていた［新朝報 M43/11/23］というから、朝鮮人の居住が始まったのはかなり早い。図1の棒グラフは、当時の豊橋市と渥美郡（図2）に寄留していた朝鮮出身者数の推移を示したものである。朝鮮人の人口が、大正の中ごろ（一九二〇年前後）から徐々に増加し、大正一三（一九二四）年以降は爆発的に増加してゆくことが読み取れよう。

　この趨勢は他の都府県と同じであるが、豊橋の場合、昭和五年までは圧倒的に女性の数が男性

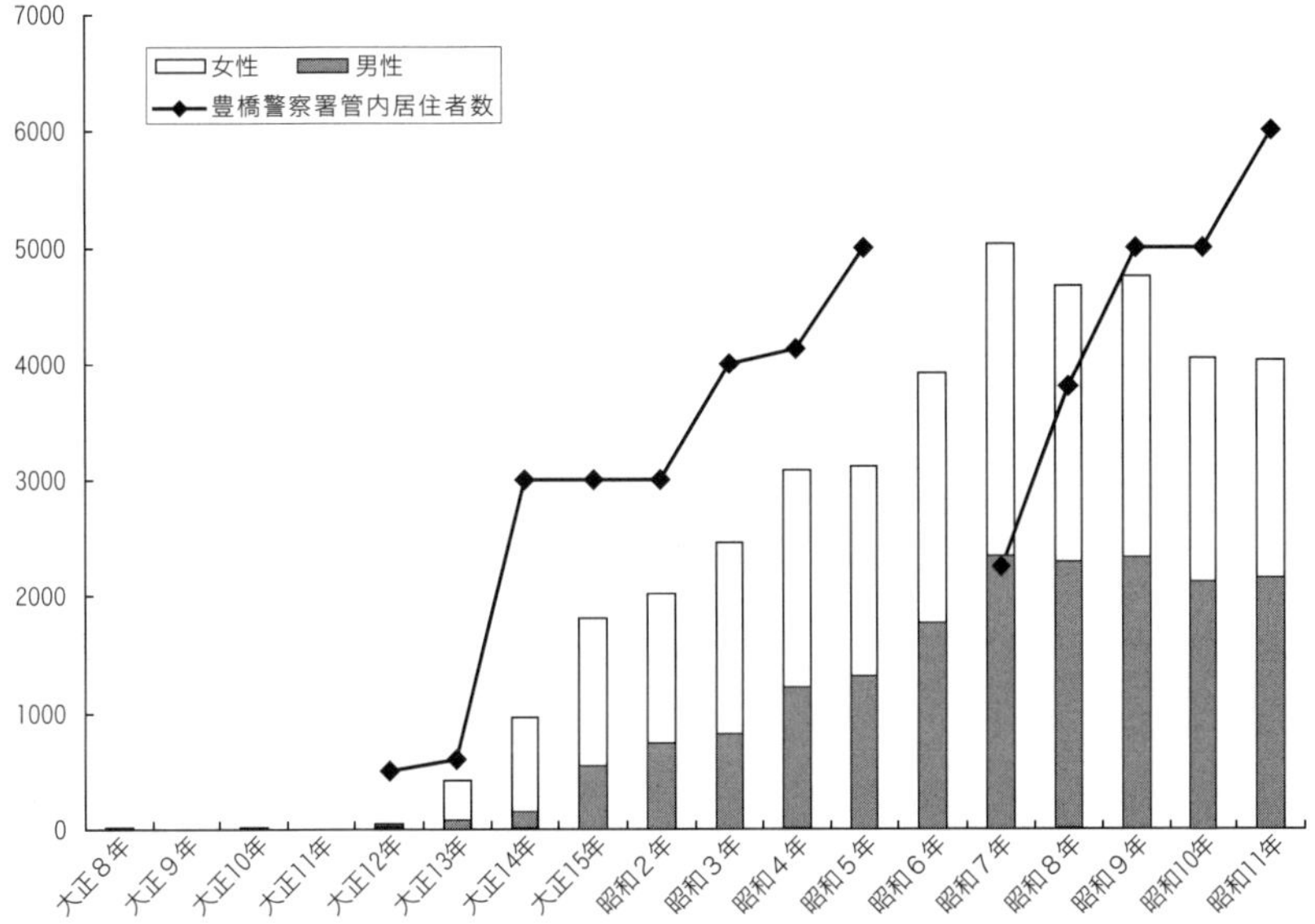

図１　豊橋地方における朝鮮人寄留者数

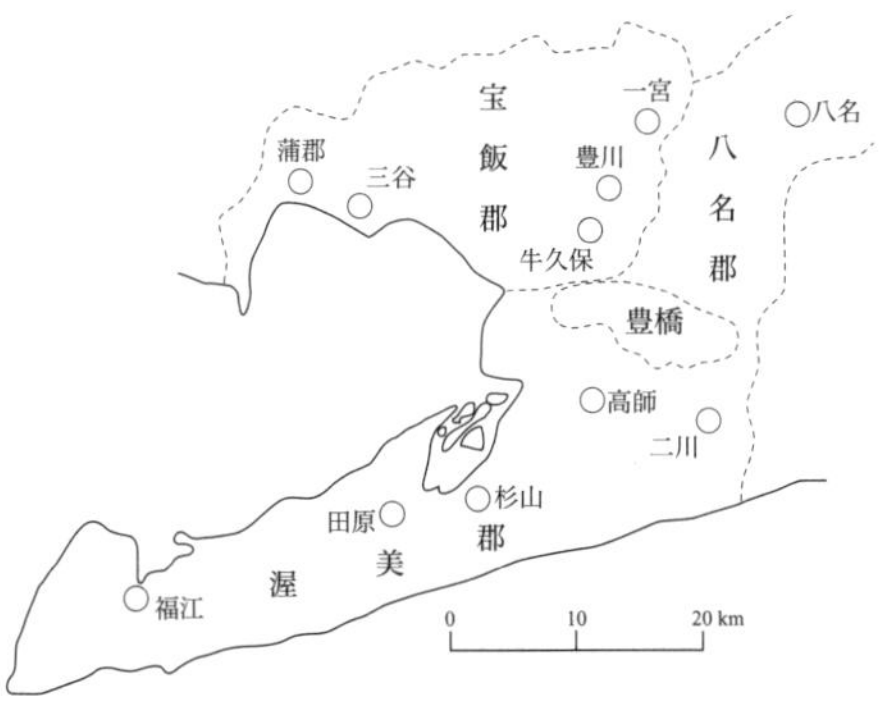

図２　昭和7年８月までの東三河地方

よりも多い。それが逆転して男女半々か、移民社会の通例である男子が卓越するようになるのは昭和七年になってからである。残念ながら昭和一二年以降は、これがどのように推移したか、つまびらかにしえない。朝鮮人の動向に関する統計が公表されなくなったからである。ただ後に朝鮮銀行名古屋支店が行った愛知県在住朝鮮人の現状調査報告書には、協和会が調べた数字が掲載されている。昭和一六年一二月末の段階で、豊橋市には六、九三二人の朝鮮人が存在したという。

棒グラフの基礎となった『愛知県統計書』の数字は、市役所に提出された寄留届に基づいたもので

図３　豊橋市域の変遷と
豊橋警察署管轄区

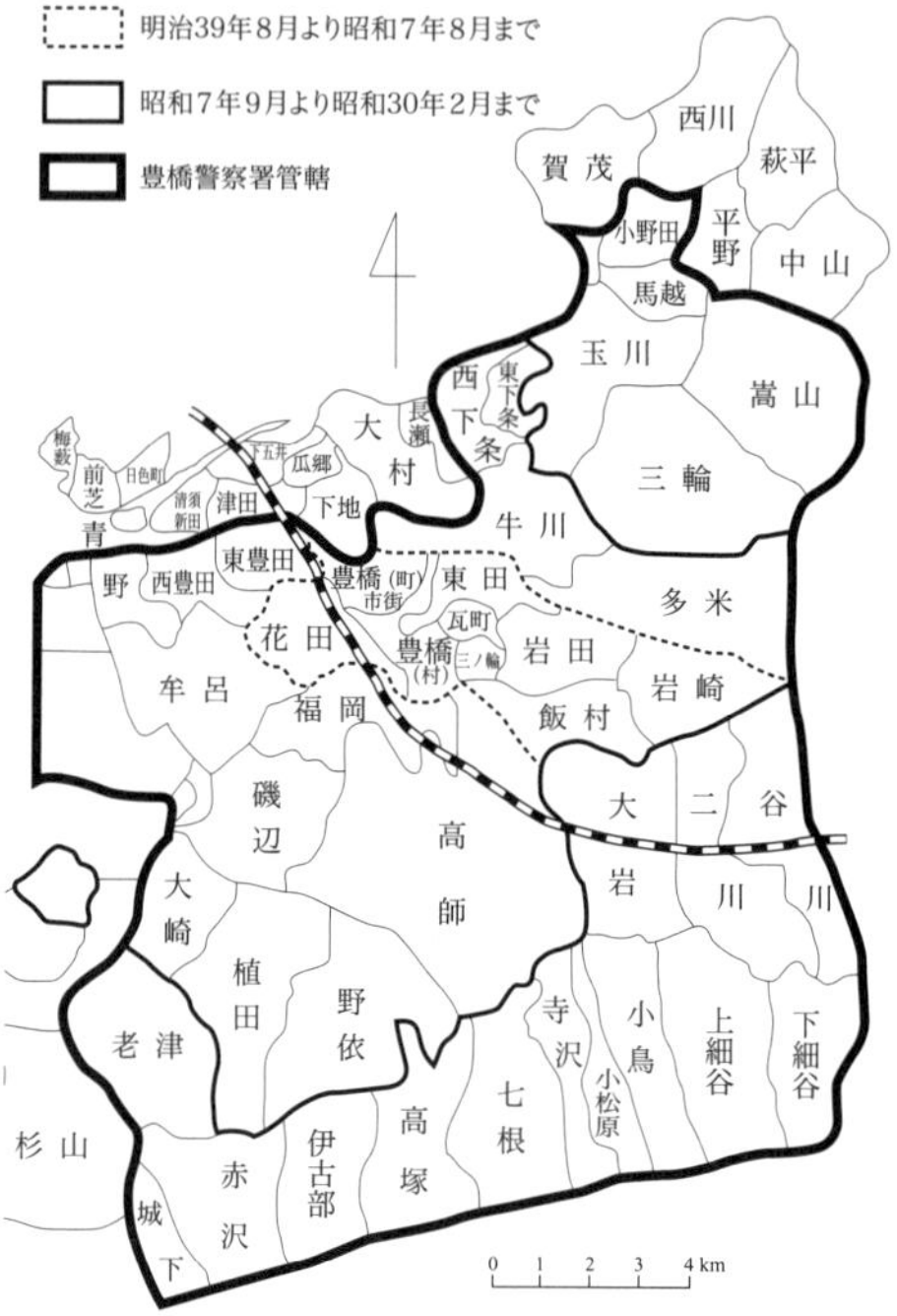

あろう。したがって、来豊者すべてが手続きをしていれば、これを在住朝鮮人の数と考えて差し支えない。ところが現実には、多くの者がこれをしていなかったらしい。大正一五（一九二六）年の『新朝報』によれば、豊橋市に在住する朝鮮人は増加の一途を辿っているが、「大部分の者」がとかくそうした手続きを怠りがちであったという［新朝報 T15/2/19］。市としては、今日の民生委員制度に相当する方面委員会を通して、朝鮮人各自に届けを出すよう指導したが、この傾向はその後も続いたようである。

したがって、この数字は、実際の居住人口より少なめであったと考えなければならない。

朝鮮人の居住者についてはもう一つ、警察署発表の数字がある。警察は治安上の問題と称して、管轄区域に居住する朝鮮人の動向を、できる限り把握しようとしていた。大正一二年当時、朝鮮人労働者を雇うとすぐ警察が調べに来たり、動静を探りにたびたび訪れたりするので、雇用者側もそれを面倒がっていたことが、新聞に記されている［参陽新報 T12/8/2］。これからすれば、警察発表の在住人口数は、かなり実数に近いものであったと考えてよい。ただし警察署の管轄区域は、市の行政区域とは重ならず、これより広い（図３）が、棒グラフがカバーする豊橋市と渥美郡をあわせた地域には及ばない。

つまり棒グラフの基礎になった地域の方が、警察の数字がとられた範囲より広い。だから棒グラフの数字が、警察発表のそれより多くなるのは当然である。ところがそうはならなかった。新聞の記事から、警察発表に基づいたと考えられる在豊朝鮮人の数を拾い出したのが、図1の折れ線グラフである。昭和五年ごろまでは、だいたい千人から二千人ぐらい、警察発表の数字が多い。だから、実際の開きはもっとあったに違いない。この時期、定着を目的としない、工場への出稼ぎや、土工などの日雇い労働者が急激に増加したことがわかる。

折れ線が切れているのは、昭和六年の数字は掴めなかったからである。ただ昭和五年七月が四、〇〇〇人、昭和七年一月末が二、二〇三人であるので、昭和六年に大幅な減少があったことは確かであろう。昭和八年には豊橋市の市域は拡大し、これに二川町、高豊村、老津村を加えれば、ほぼ豊橋警察署の管轄区域に重なる。まだ豊橋警察署の管轄区域が幾分狭いのであるが、昭和七年末豊橋市の寄留届提出人口は三、九二三人で、その一月後の豊橋警察署調べでは市内の朝鮮人世帯四八〇戸、男子一、四五六人、女子一、六二九人、合計三、〇八五人であった［新朝報 S8/2/22］というから、八百人程度多い。寄留届けは出ているのに、実際は住んでいない、つまりこの時期、朝鮮人が急激に流出していたのである。

寄留届けが追いつかないほど流入することもあれば、寄留届けが出ているのに、本人はもうそこに住んでいない。社会の皮相に漂う朝鮮人移住民の姿が、ここから読みとれる。

●――女工と土工

朝鮮人の人口は定着へ向けて着実に増加していたが、その一方で大量の労働者が移動を繰り返していた。当初様々な理由で来豊した朝鮮人の多くは、製糸工場の男女工として雇用されている。三河地方は、明治になって生糸の製糸業が興り、これが機械化されてゆく。明治二〇（一八八七）年代になると、玉糸製糸業*がこれに加わり、昭和初期には製糸業が、豊橋地方における工業生産総額の八割を占めていた。大正一四（一九二五）年の一〇月ごろから、豊橋の町には一四～一五歳の朝鮮人少女が、目立つようになる。

＊繭玉は通常一匹の蚕によって作られるが、二匹の蚕によって一つに作られたものを玉繭、これから紡がれたものを玉糸という。玉繭は糸が交互に重なっているので、モロコシの箒でたえず糸口をさがし、糸口をつける（添緒）というめんどうな作業を繰り返さなければならない。しかし原料としては安価であるため、玉糸製糸技術の改良が進められ、市場は急速に拡大していった［橋山一九九〇］。

大正一一年頃までは、扱いにくいとか、警察が関わってくるのがうっとうしいとかの理由により、朝鮮人の雇用をためらう工場主もいたが、労働力不足が深刻化するにつれ、そうも言っていられなくなった。大正一三年には市役所の職業紹介所でも、製糸工場で働く朝鮮人の火夫や男女工見習を急募・斡旋するようになる［豊橋新報 T13/5/21］［豊橋日日 T13/5/21］。そして製糸家は「いろいろな点で使いよい朝鮮人を大切に抱え込み、割安の賃金を払って喜んでいた」という［新朝報 T14/2/7］。工場主は、朝鮮への一時帰国者に前借金を渡して、女工の募集を依頼したり［参陽新報 T11/4/19］、自発的に日本へ渡って来

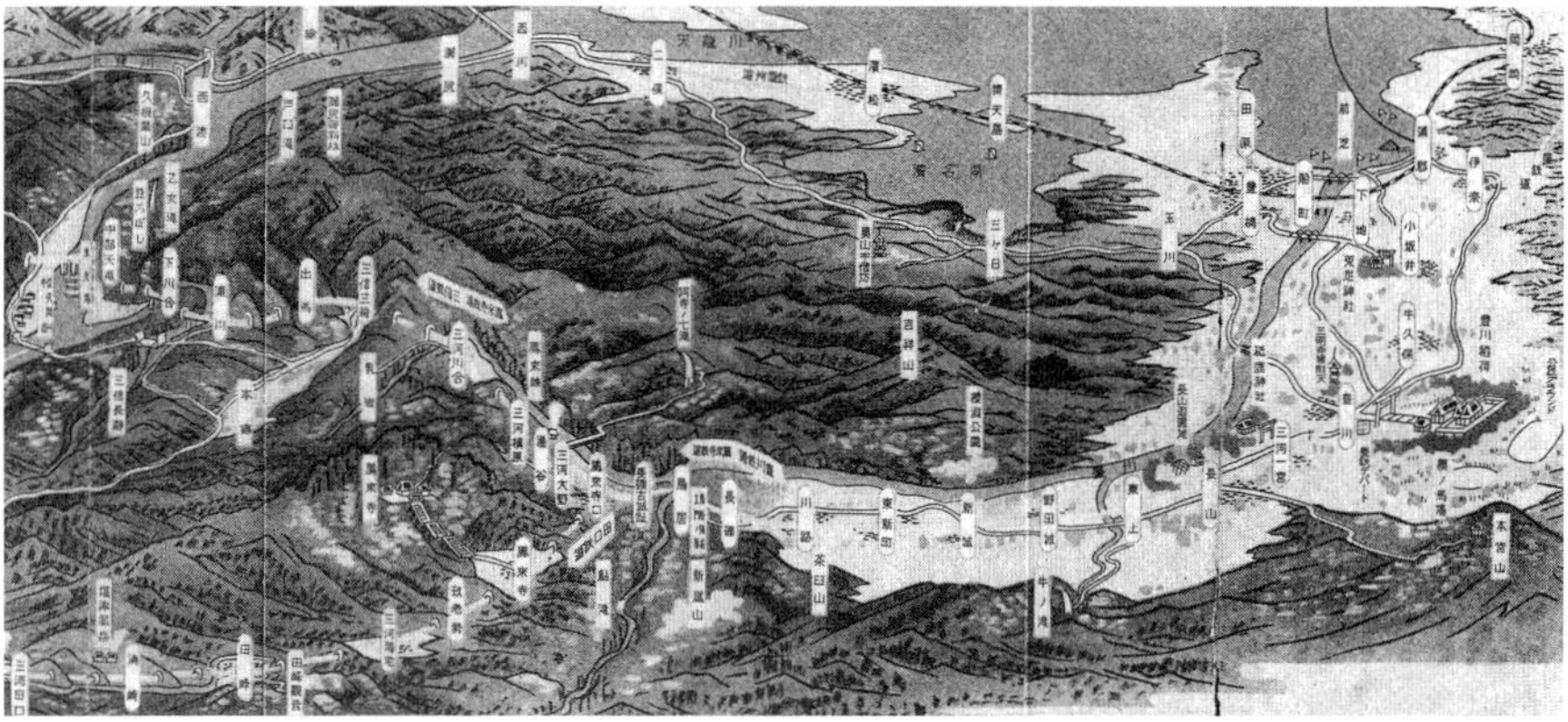

図４　朝鮮人工夫が従事した鉄道線路（[吉川1997]より）

る者を雇ったりしていた。また、豊橋から朝鮮へ出向いた者が、製糸工場への斡旋を頼まれることもあったようである[参陽新報 T14/6/13]。

製糸業を中心とする経済成長により、インフラ整備の分野でも雇用の創出をもたらした。豊橋地方の北部山間地方を東海道線につなぐ豊川鉄道、鳳来寺鉄道、田口鉄道、三信鉄道*、そして豊橋市内の渥美電鉄（現在の豊橋鉄道渥美線）や、名古屋へ至る愛知電機鉄道（現名古屋鉄道）などの軌道工事は、朝鮮人土工の存在なくして語れない。ひとつの工事が終わると、また次の工事現場へと移動し、工事人足の需要にこたえていた。

＊三信鉄道工事現場における朝鮮人労働者の「実態」は、[広瀬貞三 二〇〇一] に描かれている。

昭和二（一九二七）年から三年にかけての在豊朝鮮人の増加は「豊橋の企業界が頓に発展していることを物語るもので、殊に男子の夥しく増えたのは土木事業の激増したことを如実に示すもの」[新朝報 S3/10/5]であったとされている。また土木工事の日雇い人夫のみならず、農業労働者、養蚕の手伝いとして朝鮮人を雇う農家も出てきた[参陽新報 T14/2/27]。

着実に増加していた朝鮮人数は、昭和四年に発生した世界大恐慌の

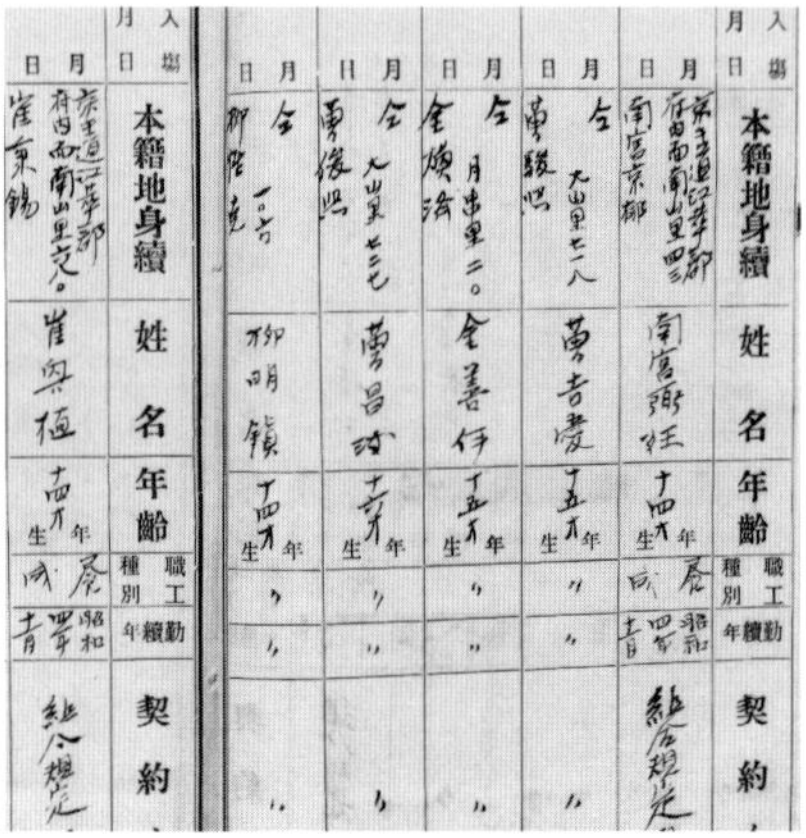

図５　昭和4年、豊橋の製糸工場が提出した職工名簿（部分）

本籍地、扶養者名、本人の姓名、年齢などが記されている。14〜16歳の少女が同一地域からまとまってやって来ていることがわかる。

影響で大きく変動しはじめる。製糸工場の倒産や操業短縮により、多くの女工が失業する。不景気は産業全般におよび、昭和五（一九三〇）年の後半から、昭和六年を通じて二千人もの朝鮮人が職を失い、雇用を求めて他所へ流失していった。しかし、昭和六年度から失業対策事業の一環として、豊橋市が下水道工事に着手したことにより事情は一変する。またもや各地から、多数の男性労働者が入り込み、「下水道工事従業土工の中約八割は鮮人という有り様」［新朝報 S8/2/22］であったという。不況による朝鮮人労働者の流出を、失業対策事業がくい止め、かつ増加させた。この事業が終了する昭和一〇年には、在豊朝鮮人の人口を不況前の水準に戻してしまう。

とはいえこの間、雇用が拡大し、順調に朝鮮人の増加があったというわけではない。昭和九年九月ごろは、在住朝鮮人の「大半は生活苦のドン底にあえいでおり、過般の市下水道工事によっていく分此の苦境は緩和されたるも、前記工事の中絶と同時に再び旧体に復し、収入の道をたたれているの状態」［東海朝日 S9/9/5］であった。下水道工事は市内の各所で行われていたが、現場の状態や手順で時折中断が生じる。土工は日雇いであるため、その間収入は無くなってしまう。こうしたこともあって、「活路を古物商にもとめた者もおり、その組合員は二百余名に達していた」という［東海朝日 S9/9/5］。

豊橋の朝鮮人は経済発展やインフラの整備を、底辺で支えていたということができる。玉糸産業の発展や、市場の動向によってたびたび発生する生産調整や不況を切り抜けるため、低廉な朝鮮人男女工の存在は不可欠であり、豊橋を中心とした鉄道輸送体系の整備にもなくてはならない存在であった。そして昭和一六年一二月末の段階で七千人近くの朝鮮人が存在したのは、豊橋市南部の大崎沖に海軍飛行場の建設[*]が始まり、大量の朝鮮人人夫が雇用されたからである。

* 昭和一三年に建設がはじまり一四年以降本格化、昭和一八年四月一日に豊橋海軍航空隊が開隊する。この現場で働いた朝鮮人については、[伊東一九九二] に述べられている。

二　在豊朝鮮人団体

昭和初期には五千名余にまで達した豊橋の朝鮮人は、主として製糸工場や土木作業所で働いていた。工場の寮や飯場、あるいは簡易宿泊所に寝泊りし、工場主や親方の管理下に置かれていたのである。しかし、相互に接触を禁じられていたわけでもなく、また日本人社会から隔離されていたわけでもない。朝鮮人同士または日本人と協同して、あるいは生活と雇用を守るため、あるいは自己の民族性や信仰を守るため、いろいろな団体を組織した。これらの動向は、当時の官憲㊙資料である『社会運動の状況』や『特高月報』*に散見され、これを繋ぎ合わせることによってその一端が伺い知れる。

* 特高は特別高等警察の略称で、一九一一（明治四四）年警視庁に特別高等警察課として設置されたことにはじまる。一九二八（昭和三）年には全国に配置され、内務省警保局保安課の統括下におかれた。天皇制政府に反対する言論や行動を取り締まることを専門にした。調査によって明らかになった政治団体、運動家、宗教者などの思想動向を、月ごとにまとめて発行したのが『特高月報』である。『社会運動の状況』もおなじく特高の調査に基づいていたが、これは年ごとにまとめられた。

●──相愛会豊橋本部

日本人との融和を図りながら、互いに手を取り合ってより良い生活を送り、共に繁栄していこうという精神に基づき、「相愛相護」を目的とする相愛会は、大正一〇（一九二一）年に設立され、東京に総本部が置かれる。主たる事業は、「朝鮮人の指導、救済、保護の任にあたり、あるいは無料宿泊所を設け、あるいは職業紹介をなし、その他病人失業者等の救済」であった［東海朝日 S4/2/18］。植民地支配下に置かれた人たちによる、宗主国社会での就労や生活全般にかかわる互助組織であるといってよい。豊橋の相愛会は、愛知県本部管轄下の豊橋支部として大正一三年一一月一三日に開設された。豊橋中学前に事務所を置き、支部長に趙正夏が就任する。そして大正一四年八月には、花田町字賽神一六番地に移転している［豊橋新報 T14/8/11］。相愛会は、会員になった者から月額男二〇銭、女一〇銭を徴収して、これを活動資金とし、融和事業の運営、貸付、旅費援助等に充てていた。ところが会員数が増加しいろいろな問題の発生も予想されるということで、大正一五年一月からは、男女それぞれ一〇銭の増額となる［豊橋日日 T14/12/22］。当時の新聞から、朝鮮人女工に対する賃金不払い問題の解決、朝鮮人同士のいさかいの仲裁、事件を引き起こした朝鮮人の警察からの身請け、行き倒れ人の救護、不良者善導などに奔走していた様子がうかがえる。

昭和二（一九二七）年段階で会員が「千二百名」に達したので、東京総本部直属の豊橋本部となった。これを記念して第三回定期総会を昭和三年一月八日、新川にあった公徳館で開催している。本部会長に鄭萬碩が選出され、この折り「在満州朝鮮人同胞迫害問題に就て、支那官民の不法行為を糾弾して徹底的反省を促す」という決議文を採択している［東海朝日 S3/1/13］。当時日本人ととも

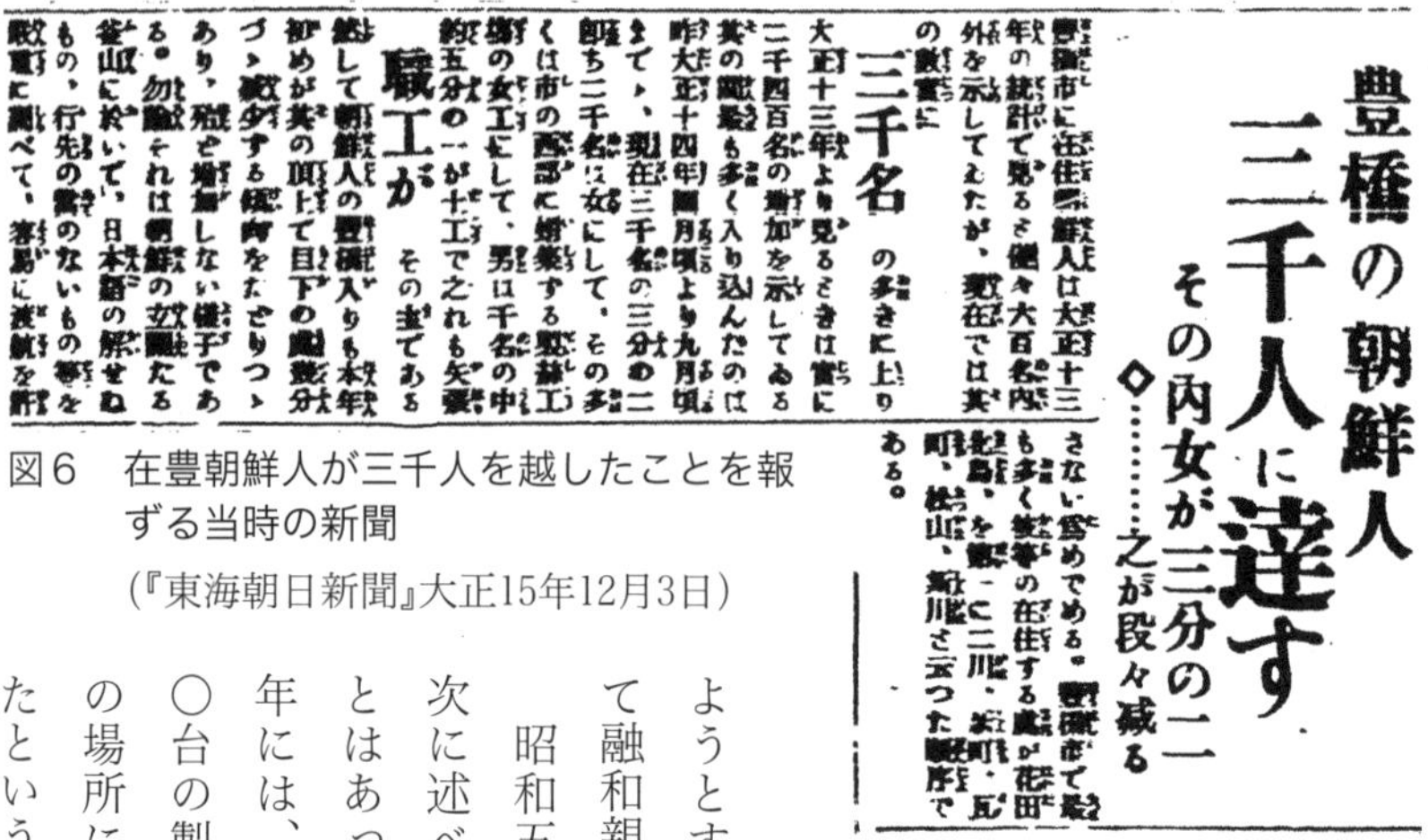
豊橋の朝鮮人
三千人に達す
その内女が三分の二
◇……之が段々減る

豊橋市に在住の朝鮮人は大正十三年の統計で見ると僅々六百名内外を示してゐたが、現在では其の数實に

三千名 の多きに上り

大正十三年より見るときは實に二千四百名の増加を示してゐる其の最も多く入り込んだのは昨大正十四年四月頃より九月頃まで、、現在三千名の三分の二即ち二千名は女にして、その多くは市の西部に散在する紡績工場の女工にして、男は千名の中約五分の一が土工で之れも失業

職工が その主である

然して朝鮮人の豊橋入りも本年初めが其の頂上で目下の處幾分づゝ減少する傾向をたどりつゝあり、殆ど増加しない様子である。勿論それは朝鮮の故郷たる釜山に於いて、日本語の解せぬもの、行先の當のないもの等を厳重に調べて、容易に渡航を許さない爲めである。豊橋市で最も多く彼等の在住する處が花田北島、を第一に二川・新町・瓦町・松山・新川と云つた順序である。

図６　在豊朝鮮人が三千人を越したことを報ずる当時の新聞

（『東海朝日新聞』大正15年12月3日）

に満州に進出した朝鮮人に対して加えられた排撃事件をとりあげ、これを非難することによって、日本政府の満州侵略を正当化する姿勢を示そうとしたものであろう。

　また昭和四（一九二九）年三月六日豊橋劇場で開催された豊橋本部大会では「一、聖旨を遵奉して忠良国民たらんことを期す　一、勤労を尚び倹約を守り生活の安定を期す　一、健全なる国民的思想を養ひ内鮮一家共存共栄の実を揚げんことを期す」ことが決議されている［豊橋新報 S4/3/7］。国家にたてつく意志が無いことをアピールしようとする意図が読み取れよう。市からの補助金も受けており、官憲によって融和親睦団体とされていた。

　昭和五年には会員数六五〇人で、加えて田原支部にも二五〇人を数えた。次に述べる豊橋合同労働組合との確執や、組織内の不正経理を指摘されることはあったが、豊橋で最大の朝鮮人組織であったことは間違いない。昭和八年には、失業中の朝鮮人に仕事を与えるべく、瓦町に製縄工場を開設し、二〇台の製縄機を設置して、これを稼動させることも行っている。同時に、この場所に従来無断で居住していた一五世帯八〇人のため、住宅六軒も建設したという［豊橋日日 S8/6/2］。

昭和一〇年には、在豊朝鮮人が五千人を突破したということで、これらの互助組織として所期の目的に邁進すべく、四月一〇日付けで会長鄭順玉の名による、「相愛会豊橋本部再建のご挨拶に代えて」なる印刷物を各方面に配布した。これには「事務所に国旗掲揚塔の建設、会員を通じ国家祝祭日の国旗掲揚運動、国家祝祭日に意義の徹底、託児所の設置、無料宿泊所の設置、職業の斡旋と指導、貧困傷病孤独死亡者に対する救恤」を当面の事業として、この実現を目指すことが謳われていた。昭和四年段階に比べ、国民への統合が意識化されつつあったことがうかがえる。なお託児所についてはすでに開設されていたという[東海朝日 S10/4/11]。

このように相愛会は、日本国家の方針を受け入れる態度を示しつつ、朝鮮人の利益を守ろうとするものであった。しかし、昭和一二年三月、官憲主導で編成された愛知県協和会豊橋支部に吸収・合併されてしまう。

◉――豊橋合同労働組合

在留朝鮮人団体中、その権利を守るべく最も急進的な運動を展開していたものとして、大正一四（一九二五）年二月二二日に創設された（在）日本（朝鮮）労働総同盟というのがあった。関東や関西にあった朝鮮労働同盟会、朝鮮労働共生会、堺朝鮮労働同志会などが合同し、総同盟事務所を東京に置き、地方組合本部が東京、大阪、京都、神奈川（横浜）、兵庫、富山、新潟、愛知（名古屋）、そして豊橋にあった。豊橋は大都市の組織と肩を並べていたのである。

昭和天皇の即位式前後に行われた共産主義者の一斉検挙により、壊滅的打撃を受けたが、昭和四（一九二九）年九月現在で組合員数は全国で二三、五〇〇人にのぼり、豊橋朝鮮労働組合は一五〇人を数えた。昭和四年一二月一四日、大阪において全国代表者会議を開き、日本共産党指導下の日本労働組合全国協議会（全協）に加盟する。コミンテルン*の方針であった、労働者階級の解放こそが、植民地支配を終焉させ、これが必然的に民族解放につながるという理論のもとに、まずは労働運動に主眼がおかれたからである。

＊一九一九年ロシアの共産党政権（ソヴィエト政権）によって結成され、各国の共産党を支部として、世界革命を推進しようとした。第三インターナショナルともいう。

こうして朝鮮労働総同盟の主要組合は形式的に、日本労働組合全国協議会傘下の産業別組合に解消する。中部地方協議会が昭和七年六月ごろに結成され、これに加入した呉長録、河明完、朴琉均などは、日本人幹部鈴木正雄、杉本文雄等と連絡をとりつつ、「その指導」のもとに日本共産党、日本反帝同盟と協力して未組織朝鮮人にはたらきかけ、全協各産業別組合の拡大をはかったという。

その結果、昭和七年末には、全協日本繊維労働組合中部地方支部豊橋地区員一八五名、全協日本土木建築労働組合中部地方支部豊橋地区準備会員四〇名、同田原地区準備会員一四〇名を有するまでになった。ところが昭和八年一月二八日の共産主義者一斉検挙により幹部を失い、組織はほとんど潰滅状態となる。昭和八年末の段階で全協日本繊維労働組合三河地区豊橋小地区は、組合員六名、援助者二〇名、全協日本土木建築労働組合三河地区豊橋小地区は組合員一九名、その援助者二〇〇名となり、この年以後の動向は明らかにしえない。

以上は中央から見た労働組合組織図であるが、豊橋で実際の労働運動を担ったのは、合同労働組合と称されるものであった。昭和四年一二月七日に、朝鮮労働総同盟の方針により、豊橋在住の朝鮮人によって組織された労働組合と、日本人の一般労働組合とが合同したものである。一般労働組合の実態は数人の幹部だけであったので、豊橋合同労働組合員は、事実上朝鮮人によって占められていた。

結成時の執行委員長として、崔鐘夏という人物が選出されている。このおり「一、労働賃金不払者に対する厳罰の件　二、解雇失業反対の件　三、八時間労働制確立の件　四、同一労働に対する賃金差別撤廃の件　五、工場法違反者厳罰要求の件」が可決された。また製糸業休業対策として、「休業期間中食費は全額資本家に於いて支弁すること。休業中の手当てとして日常賃金の五割を支払うべきこと」を要求することにしたという［参陽新報 S4/12/4］。

当時の製糸業界は、工賃を半年払い（盆と正月の半期清算）としていた。そのため不況その他で工場が倒産すると、未払いの工賃が焦げ付くことになる。世界大恐慌のあおりを受け、製糸工場の倒産や休業が相次ぎ、そうした事案が多発していた［新朝報 S4/10/12］。また製糸工場や土木工事現場での労働時間は、当然のことながら八時間をはるかに越えており、工場法が規定している解雇手当を支払わない工場主も存在し、労働者は泣き寝入りの状態であった。加えて一方的解雇など、こうした環境に投げ込まれていた労働者の救済に、正面から取り組んだ合同労働組合の支持者は次第に増加し、翌年一月三〇日には、はやくも北島支部を発足するまでになる。

合同労働組合の結成と発展については、次のような見解がある。

在豊鮮人団体としては最初相愛会しかなかった。現在は兎に角として、二三年前の相愛会には随分如何わしい風評があった。〈中略〉第一に相愛会に反旗を翻して別個の団体をつくったのは共済会であった。その後、共済会や相愛会の右翼行動に全然対立して、左翼団体として結成されたのが鮮労組合、すなわち現在の合労である。

相愛会の地盤、勢力範囲はだんだん蚕食されていった。〈中略〉階級的立場に立って、真に在豊鮮人労働者の利害のために抗争する合労が、日に日に成長して行くのは無理ない筈。反動や右翼のゴマカシ的な労使協調主義が力を失い、影を薄めて行くのは当然のことだ。

〈後略〉［豊橋大衆 S5/5/13］

労働運動に理解ある日本人による「主張」ではあるが、相愛会が存在するなかでなぜ合同労働組合が組織され、発展していったのかの事情がうかがい知れる。ただ相愛会を「社会の発展に逆行する、国粋主義的団体」として断罪してよいのかどうかはわからない。

●——抑圧下での対立

相愛会は、どちらかといえば政府と協調して、朝鮮人の利益を守っていこうという立場にたっていた。そのため政府と対決姿勢をとっていた合同労働組合とは互いに反目し、事あるごとに対立して、乱闘事件を引き起こしてゆく。日本社会の中で生きてゆかねばならない故の対立抗争であった、ということができる。これは豊橋名物とまでいわれたほど、頻繁に発生した。

豊橋合同労働組合が結成されて半年もしないうちに、最初の事件が起こる。発端は、昭和五（一九三〇）年三月一四日、相愛会と共済会が合併したことにあった［東海朝日 S5/3/16］。共済会はもともと相愛会に不満を抱く者によって組織されたものであるので、これに反対した共済会会員もいた。その一人金溶培が、合同労働組合の援助のもと、新たに労愛会なる団体を作ろうと計画していたところ、相愛会本部の者によって暴行を受けるという事件が発生する。このことについて五月一〇日合同労働組合の委員長崔鐘夏他三名が相愛会本部を訪れたが、これまた暴行を受けた。そしてついには、両派乱闘という事態にまで発展してゆく［豊橋大衆 S5/5/12］。

合同労働組合は、昭和五年七月から八月にかけて、奥三河で発生した三信鉄道争議、[*]その他東三河地域の労働争議を指導するなど、活発な活動を展開した。

＊第一期工事区間を請け負った五月女組による、賃金の遅払い・不払いによるストライキに端を発し、朝鮮人四七一名を含む六七一名の労働者が争議団を結成し、これに干渉しようとした田口警察署員と大乱闘になる。県警は調停に乗り出すが、不調に終わると約五〇〇名の警察官を動員して、これを暴力的に鎮圧し、争議団を解散に追い込んでしまう［斎藤一九八六］。

ところが昭和六年二月に、花田町にあった製糸工場の一件でまた相愛会と衝突する。この工場は他の同業者と同様、不況により操業を休止していた。同工場の朝鮮人女工三〇名は賃金支払い額を不当として、工場代表者に掛け合うもらちが明かない。そこで合同労働組合幹部の指導のもと、争議団を結成する。ところがそこに相愛会会員数十名が押しかけてきた。合同労働組合員とあわや大乱闘という時、警察が介入して事なきを得る。

そしてこの折の遺恨によるものか、三月二七日の夜、相愛会会員二十数名が花田町羽田合労支部事務所に押しかけ、合同労働組合の支部員二名に瀕死の重症を負わせるという事件が発生する。この件について合労側は豊橋警察署に訴えたが、今度は四月一八日、こん棒その他を手にした相愛会員二十余名が、舟原町の合同労働組合本部を襲撃し、器物をことごとく損壊するという行動に出た。襲撃の首謀者二名は豊橋署に検挙されるが、相愛会と合同労働組合の対立はますます先鋭化してゆく。

その後も合同労働組合は、昭和六（一九三一）年二月一八日に瓦町の製糸工場で、従業員五〇名が待遇改善と未払い賃金の即時支払いを掲げた罷業を指導したり、五月六日、二川の製糸工場で発生した朝鮮人従業員の人員整理問題や、昭和七年になると豊橋下水道工事争議*に関与したりした。こうした折にも、ことごとく相愛会との軋轢が表面化したが、とくに下水道工事人夫の賃金歩引問題に関わって、二月一二日公会堂空き地で豊橋合同労働組合員李鐘夏、金聖仁の両名を相愛会会員三十余名が襲撃し、暴行を加えるという事件が発生する［豊橋大衆 S7/2/15］。

＊二川の製糸工場争議については［伊東一九九八］、豊橋下水道工事争議については［伊東一九九六］を参照されたい。また『豊橋下水道誌』には、市側の見解が述べられている。

これは翌一三日夜、逆に相愛会員権達用が労働組合員李宗順他十数名に、自宅を襲撃されるという事件へ発展した［豊橋日日 S7/2/15］。そして同年六月二六日には、午後五時ごろ東田町舟原の職業紹介所前で、両派数十名の土工が入り乱れての大乱闘となる［豊橋大衆 S7/6/28］。

相愛会との抗争を続けつつも、豊橋合同労働組合は、さらに発展を続け、昭和六年末の段階で組合員二五〇名、昭和七年末では三四五名へと増加する。ところが、翌年一月二八日未明の一斉検挙により、河明完などの組合幹部が逮捕された。そして、発足以来執行委員長の職にあった崔鐘夏も昭和八年六月一三日、組合規律に違反したとして除名される。その後執行委員長には李龍伊という人物がおさまるが、この年の一二月現在で組合員数は一四五名に減少してしまう。

ところで河明完と崔鐘夏の生き方には、当時のエリート朝鮮人が味わっていた苦悩の一端がよく現れている。簡単に紹介しておこう。河明完はこの時二六歳。豊橋市瓦田南裏九九の一に居住し、本籍は慶尚北道尚州郡洛東面［豊橋大衆 S8/12/22］で、職業は土工。別名を河明出、高山進もしくは泉と称した。出身地の普光講習所*を中退。一九歳の時、就職の目的をもって日本へ渡航。豊橋の製糸工場に雇われたが、賃金が内地人に比べて少ないのに憤慨して退職。職を求めるうちにプロレタリア文学書を読んで社会運動に関心を抱くようになる。

＊植民地下の朝鮮には、密かに民族教育を行う改良書堂、講習所、夜学などが存在した。

昭和六年一二月全協繊維ならびに全協土建豊橋支部準備会結成に関わり、昭和七年七月これら各準備会を三河地区委員会にまとめあげ、三河地区協議会を確立して、その常任となる。昭和八

（一九三三）年一月、日本共産党員であった豊橋市花田町在住の元豊橋市穀物改良監督助手鈴木正雄の推薦により入党。鈴木とともに党豊橋地区委員会を立ち上げている。治安維持法違反で起訴され、裁判では「プロレタリアートが救われる光ある生活を作るにはどうしても共産党によらなければならない」と陳述し、この時一緒に逮捕され、官憲の拷問にたえかね転向するにいたった者を軽蔑したという［参陽新報 S9/5/19］。結審をまたず病気により保釈されたようであるが、その後どんな人生を歩んだのかは分からない。彼の人となりについては、同時に投獄された林由治が、『冬の日の追憶』でその好青年ぶりを伝えている。

また崔鐘夏が組合規律に違反したとして除名されたのは、「思想的に動揺を来し、婦人関係のほかにもスパイ的行動あり」［新朝報 S8/7/15］という理由であった。彼はそれからひと月も経たない七月七日、内浜名湖で溺死体として発見される。これを新聞は、

左翼戦線の没落闘士／鮮女と相抱いて情死／元豊橋合労の輝ける執行委員長／崔鐘夏の哀れな末路！

左翼戦線華やかなりし頃、輝ける執行委員長として豊橋合同労働組合をリードし、三信鉄道争議、対相愛会闘争において重要な役割を演じた元豊橋合同労働組合委員長崔鐘夏（二四）が左翼戦線から転落し、年若き情婦と相擁して浜名湖海中に投身情死した事実が此の程判明して、惨憺たる左翼闘士の末路が関係者の話題を賑わしている。〈後略〉［新朝報 S8/7/15］

と伝える。ここでいう「年若き情婦」とは花田町在住で中世古町にあった製糸工場で働く、一八

歳になる女工であった。たぶん彼の恋人であったたであろう。

合同労働組合が設立されて以来、一貫して執行委員長を務め、多くの労働争議を指導してきた「豊橋労働運動界の闘士」が、いろいろな行き違いにより執行部より追放され、恋人との心中を選ぶところまで追い詰められてゆく。「輝ける執行委員長」という言葉が痛々しい。警察当局の弾圧が徐々に強まり、組合執行部が苛立っている状況が見て取れよう。

さて一斉検挙により合同労働組合員は一時減少するが、昭和九年末には、影響下にある一三〇名を含めると、組合員数は二九五名にまで拡大する。昭和一〇年七月現在で執行委員長が鄭海天、常任書記岩瀬眞之助で、事務所を東田町船原三五に置き、機関誌として『合労ニュース（豊橋労働者新聞）』を発行していたらしい。この年の組合員数は一五〇名であるが、「内地人」は二名しか含まれていなかった。

昭和一一年一二月五日、またもや官憲による全国一斉検挙によって、極左運動は潰滅的打撃を受ける。組合員も三二名に減少し、以後衰退へ向かう。昭和一二、一三年にそれぞれ二名の豊橋合同労働朝鮮人組合員が治安維持法違反で検挙される。そして昭和一五年度には会員数も皆無に近い状況となってしまう。

●——キリスト教団体

キリスト教は、朝鮮本土において一八世紀後半から広まり、農村部にもかなり浸透していた。

日本における朝鮮人キリスト教団体の形成は、一九〇九（明治四二）年に朝鮮耶蘇教独老会のてこ入れによる東京教会の成立によってはじまる。その後怒涛のように押し寄せる移民・出稼ぎの中にも当然キリスト教徒が存在し、本国から派遣された牧師や日本留学中の神学生らによって、各地に教会が設立されていった［愛知県下における「朝鮮基督教会」の歩み］。

豊橋で最も早く設立されたのは**豊橋朝鮮基督教会**である。昭和四（一九二九）年三月一〇日には創立記念式が挙行されているが、すでに一月一日には、新川通り公徳館そばに存在していたことが特高の調べでわかっている。朝鮮耶蘇教連合公会議が、朝鮮北部で活動していたカナダ長老教会に在日朝鮮人への伝道に参加するよう要請した結果、昭和二年に神戸で発足した日本朝鮮基督教会の系列に属するものである。

この教会には勉励青年会というのが組織されており、会長は金明元で、祈祷部長、伝道部長も兼務していた。この人物も当時豊橋における朝鮮人エリートの一人で、後に豊橋合同労働組合の幹部となり、豊橋下水道工事争議を指導したりする。また男女共学の夜学も存在し、「無産児童」三〇名が学んでいたという。

『豊橋大衆新聞』によれば、昭和五年の旧正月、製糸工場が休日になるのを利用して、工場に働く信者にバイブル研究、伝道、講演などをするため［豊橋大衆 S5/2/1］、神戸からカナダ人の栄在馨（英在栄?、L. L. Young）宣教師、名古屋から李寅渉牧師がやって来て、熱心な信仰を説いていたという。二月二日には勉励会臨時総会や夜学会の定期総会が開催され、役員の改選や夜学会の方針が決定されている。夜学会では聖書、朝鮮語、算術、唱歌、日本語を教授し、一年を四学期に分け修業証書を与えること、一月に一回職員会を招集し、教員に禹鐘班以下四名を充てることが決められたという［愛知県下における「朝鮮基督教会」の歩み］から、かなりしっかりした組織であったということができる。

また同年三月一八日、この勉励会は市内にあった公徳館を会場として、午後七時より朝鮮人雄弁大会を主催している。その時の弁士および演題は、禹鐘班「基督教と愛の追求」、金明元「何処へ行く」、石正熙「時代の変化に依り我らの近路を論ず」、鄭鳴「我等の要求」、張載達「我等の未来」で、内容が朝鮮人の問題に限定されたものであったかどうかは不明であるが、盛況だったという［新朝報 S5/3/17］［豊橋大衆 S5/3/19］。この雄弁大会を契機として、八月一四日に豊橋朝鮮青年雄弁連盟が設立される［豊橋大衆 S5/8/14］。

話はそれるが、本連盟の事務所は花田町間田一番地［豊橋大衆 S6/2/5］に置かれ、九月一一日に豊橋朝鮮青年雄弁連盟第一回講演会を開催している。この時の弁士及び演題はそれぞれ朴慶業「朝鮮青年の水」、宇鐘裡「豊橋朝鮮青年に」、金明元「我々の活路」などであり、「定刻前より聴衆満員の盛況を呈」した。演題からして、やはり朝鮮人の問題が取り扱われたようであるが、言語が朝鮮語でなされたかどうかは、よく分からない。ただ監視していた官憲により、しばしば中止を命じられたという［豊橋日日 S5/9/11］から、日本語でなされたのかも知れない。

昭和五（一九三〇）年一〇月に、この教会は東田町舟原一八番地に移転した。この年に信者数は七〇名を数え、以後五〇名前後を推移する。昭和七年二月には、これまでたびたび来豊していたカナダ人宣教師ヤングが訪れ、名古屋からの李寅渉牧師も加わり、四・五日の両日約七五名の信者に対して、祈祷ならびに聖書の講義をしている。この段階で豊橋朝鮮基督教会の信者数は男一一名、女一一名計二二名、執事は金明俊であった［外務省欧米局特秘収外第六五九号］。信者数が減少しているようにも思えるが、いずれも官憲が把握した数字であるので、これをもって直ちにこの教会の活動が低迷していたと断ずることはできない。ただこの段階でも、牧師が常駐する規模に達していないことは確かである。

そして、昭和九年には伝道師が配属されるようになり、女性伝道師朴泰仁（朴奉信?）、昭和一〇～一一年にはこれも女性の王星吉伝道師が中心となって教会が維持されていた。前述のように市内北島町方面には朝鮮人が多く住んでいたが、主として婦人伝道会の努力により昭和一〇年七月一五日、ここにも教会が建設されることとなる。この北島教会で開催される日曜学校には、常時四〇～五〇名が集まり、七月二五日から二七日に名古屋から牧師や伝道師を招いて特別伝道講演を開催したところ、毎夜百名余の会衆をみたという。

この朝鮮基督教会は設立以来、「ここかしこと間借りをして」礼拝を続けてきたが、王星吉伝道師と金明俊、朴命俊執事の働きにより百余名の信者を抱えるに至り、これを収容するに足る新伝道教会を建設すべく、昭和一〇年一二月一日を期して献金活動を開始し、翌年五月一五日東八町四一三番地に落成をみた。そして昭和一二年には専任の牧師が招聘されるまでになる。

豊橋朝鮮基督教会はカルバン（長老）主義教会であったが、これとは別に再臨派のキリスト教会も存在した。昭和五年二月一日付け『豊橋大衆新聞』には、聖潔教会なるものが花田小学校横に存在したことが述べられている。昭和五年の旧正月には、伝道会等を開催し、一般の来聴を歓迎したという［豊橋大衆 S5/2/1］。正式には朝鮮耶蘇教東洋教会豊橋聖潔教会と称した。官憲の調べでは、昭和六年末で信者数は二七名、昭和八年には中心人物として金尚炯、同九年には崔鶴喆をあげ、信者数は両年ともそれぞれ三八人としている。

図7　1935年1月13日、豊橋聖潔教会献堂式

昭和一〇年六月一一日付けの『豊橋大衆新聞』には、「慶尚北道度山郡南川面侠石洞、現在豊橋市花田町字堀先四十九の一の伝道師鄭禧燮氏他三名は朝鮮耶蘇教東洋宣教会豊橋聖潔教会所を設立することに決し、市社寺課を通じ、県当局に認可申請書をこのほど提出した」［豊橋大衆 S10/6/11］とある。これは同年一月一三日に献堂式（図7）を行った教会所の認可を申請したものであろう。昭和一一年も鄭禧燮伝道師を中心に、五十名余の信者を擁していたことがわかる。けっして少なくない人数であるが、昭和一一年七月九日、昭和一三年二月二七日に心霊復興会を催したことは確認できるが、その他の活動についてはわからない。

◉——朝鮮人古物組合（豊橋古物行商組合第二部）

昭和八（一九三三）年五月一日の創立であるが、昭和七年の『豊橋大衆新聞』には、朝鮮人の古物商認可申請が急増していることを伝えている。「不況でなす仕事もなくボロ買い、古新聞集めにも取り締まり規則があるので、古物商鑑札の下付願いとなって現れた」［豊橋大衆 S7/11/18］という。また『参陽新報』は、経済恐慌が深刻化し、豊橋の町には失業者が溢れている様を報じている。豊橋市社会課の調査によれば、「土建二千名、繊維百名、インテリ百名、その他三百名」が失業し、そのうち朝鮮人が千名を占めた［参陽新報 S7/11/14］。こうした事情が朝鮮人古物組合の設立につながったのであろう。

昭和九年になると、九月五日の『参陽新報』に、この組合が豊橋警察署へ出向き、感謝状を贈呈した記事がある。すこし長いが当時の事情と、この会の性格がよく現れているので、感謝状の文章を引用しておく。

> 在豊朝鮮人五千余名が多年不景気のため、その大部分は窮乏のドン底生活を営みつつあったが、曩に市営下水道工事により幾分生活の上に楽になりました。また最近警察当局御後援のもとに古物組合が組織されてより、現在では組合員二百余名に達し、組合の発展大いに見るべきものがあります。組合員の大半は下水道工事の仕事なき場合古物の行商を副業としているため、生活の安定を得つつある状態であります。愛知県下としては無二の鮮人古物組合で

あります。そして二百余名の組合員を有しかつ生活の安定を得るようになりました。この上もない幸福であります。これは独り組合員ばかりの幸福でなく、延いては在豊鮮人五千余の幸福となることと深く感謝している次第であります。この御後援と御同情に対し感謝の微意を表するため組合員一同総意により、感謝状を贈呈する次第であります。不束な書面にて誠に恐縮でございますが無礼の段は平にお許しくだされたくお願い申し上げます[参陽新報 S9/9/5]。

経済恐慌による不況が朝鮮人労働者を直撃していた様子や、官憲の指導によりこの組織が形成されたことがよくわかる。最下層の朝鮮人は、相愛会にも合同労働組合にも属することできず、官憲の圧力をじかに受けていた様子が見て取れよう。

翌昭和一〇年二月一三日、今度は豊橋警察署長からこの組合に対して、感謝状が授与されている。その趣旨は、創立以来未だ日尚浅いにも拘わらず張組合長のもと、組合員二百余名は一致協力して組合の発展を図るとともに、「内鮮融和の実績を納めるため、朝鮮風俗を絶対に排して、純然たる内地の生活様式に則り、また多数の朝鮮人が失業、あるいはルンペンとなって流浪しているのを遺憾とし、無料宿泊所と職業紹介所を組合事務所付近に設置し、事業を開始している程なので、その行動は衆の模範として足ること多々あり、稀に見る共存共栄の美を収めている組合である」[豊橋大衆 S10/2/14]ということにあった。後述の如く、豊橋警察署はこの年から在豊朝鮮人を一元的に管理し、その民族性を抹殺するための手段として、矯風会を組織すべく準備を進めており、ここにはその動きが感じとられる。

朝鮮人古物組合は定期的に総会を開いていたようで、昭和一〇（一九三五）年七月、花田町の立花公会堂に会員二一〇名を集め、欠員のままであった副会長や幹事長を選出し、「組合員移動届けの処分方法、事務所建設費捻出方法、無鑑札行商者取締方法」等について審議している。このおり第一部組合役員、豊橋警察署より次席および係官等が臨席した［新朝報 S10/7/8］。

組合長は張学出で、*この人物も朝鮮人エリートの一人といってよい。彼は、日本語に堪能で、昭和三年には日赤豊橋診療所で朝鮮人患者のために通訳を務め［参陽新報 S4/6/4］、昭和七年二月には結誼倶楽部の会長として活躍している。このクラブは豊橋市内に住む朝鮮人有志が発起人となり、「日鮮人の親善を向上せしむると共に、鮮人にして不慮の災害を蒙り又は生活に窮するもの或は失業者等を救済し、尚寄留、営業其他の諸官署届出手続き等の便宜斡旋をなし遺憾なきを期する」ことを目的としたものであった［参陽新報 S7/2/2］。

＊ 戦後は、在日本朝鮮人居留民団（後の在日本大韓民国民団）豊橋支部の結成に加わり、監査委員長、副議長、議長などを歴任する。

先述したように日本人との融和を図りつつ、朝鮮人の相互扶助を行う団体としては、相愛会が存在していた。ところが新たに同様の倶楽部を結成したということは、相愛会にも入れなかった人々の救済を目的とするもので、その活動内容に対して批判的であったからであろう。そして、彼は昭和一一年に豊橋市会議員選挙に立候補する。また昭和一四年五月には、朝鮮人ばかり六〇余名と図って、資本金一万円の豊橋古物株式会社を立ち上げている。廃品の売買その他これに付随する一切の事業を行うことを目的とし、社長に就任した。

昭和一六年と一七年の『社会運動の状況』にある「在留朝鮮人主要団体現勢一覧表」にはこの組合の中心人物として長野学出の名を記載しているが、これは張学出の通名であったと思われる。そうするとこの豊橋古物行商組合第二部は、創立以来少なくとも昭和一七年まで組合長は一貫して張（長野）学出であったということになる。また昭和九年の感謝状にある組合員数「二百余名」が正しいとすれば、この「一覧表」には組合員数を昭和一六年、一七年のいずれも八五人としているので、組織としては次第に縮小していったことになろう。

●——その他

以上は主要団体を取り上げたもので、これ以外にも諸種の組織や学校が形成されていた。市内新川町市南五一に、昭和五年四月より**豊橋共進夜学院**が開設されている。「一般朝鮮人児童に尋常小学校程度の学問を授けること」を目的とし、卒業に当たっては、生徒の職業紹介、その他「一身上の便宜も取り扱った」という［豊橋大衆 S5/3/29］。就職支度金なども融資したということであろうか。費用は、一般篤志者からの寄付によって賄うことになっていたという。昭和六年一〇月末現在で一三名が学んでいた。昭和六年二月二四日には、豊橋朝鮮青年雄弁会後援のもとに東雲座にて、「同族の慰安と一般内地人に朝鮮人の状態を普及してますます親善をはかるため」の朝鮮劇公演を主催している［豊橋大衆 S6/2/5,24］。民族性や民族文化の保持を目的としていたと考えられよう。

これと似たものに、昭和六（一九三一）年の八月、合同労働組合から一部の組合員が脱退して新たに組織した日本義勇団による夜学があった。この日本義勇団は、かねてから豊橋合同労働組合内部において、理論上の対立があり、これに「感情問題も手伝って」紛糾を重ねていたところ、常任委員の金鳳相と金明天の幹部二名が、かつて組合を除名され相愛会幹部となっていた張催達をともなって組織したもので、八月七日に発会式を挙行していた［参陽新報 S8/8/9］。当時、極左から極右への転向として不思議がられたというが、日本皇室主義を理解するためにはまず内地語を覚えなければならないとして、在豊朝鮮人子弟を集めて、日本語夜学を八月二〇日夜から、同団事務所で開始し、団員が教授している［豊橋大衆 S6/8/23］。

また同年の九月になると、絹田同昌夜学部というのも開設されている。朝鮮人の中で、特に婦人や青少年に、教育を受けていない者が多数見受けられることから、相愛会豊橋本部の後援のもと、姜寅植他六名が発起人となって開設し、入学志願者を募集した。在豊朝鮮人に対し、勉学の機会とその施設を提供し、朝鮮人の資質向上と不遇の子弟を収容して、勉学修養の途を開こうとするものであった［新朝報 S6/9/7］*。いずれも教授内容は不明であるが、当時は日本人の小中学校に入学できる途も開かれていたことを考えれば、いわゆる民族教育が念頭に置かれていたことは間違いない。

*日本人の小中学校へ入学した朝鮮人児童の数と分布については［伊東一九九七］を参照されたい。

最後に、朝鮮人諸団体の自律性に対する国家の介入が始まる直前の昭和一〇年七月、朝鮮青年団なるものも組織されたことも付け加えておきたい。これは豊橋市内に在住している朝鮮の青年たちが、すでに組織されていた青年団が内地人のみによるもので、自分たちは埒外に置かれているのを遺憾として、豊橋朝鮮青年団を組織することにしたという。

団則草案を作成し、代表者が七月六日に豊橋市連合青年団理事を市役所に訪れ、経過を報告して今後の援助を依頼した。そして翌七日の午後七時から、松葉小学校に二十余名が出席して団則を決定し、役員を選出している。来賓を代表して大沢市議の祝辞があったという。これは市連合青年団に属する各校区青年団が、朝鮮人への加入を進めたにもかかわらず、これを拒否して組織されたもので、市連合青年団とは別個の団体であったという[参陽新報 S10/7/9]。朝鮮人による朝鮮人のための団体をめざしていたに違いない。

三　社会運動

昭和初期、といっても最初の一〇年間は、互助組織であれ、労働団体であれ、宗教団体であれ、自分たちの意思により、思い思いの組織を作り上げ、これを自分達で運営することによって、朝鮮人としてのアイデンティティを強めてきた。これら諸団体に属する朝鮮人の多くは、製糸工場の労働者や日雇い人夫である。会員が組織に求めたものは、さしあたり不当解雇や賃金未払に対して使用者側との交渉、失業時の職業斡旋や生活救済にあったとみられる。しかしこうした問題の発生は、個別雇用者側の対応もさることながら、社会情勢や国家の政策に密接に関連している。したがって待遇改善、生活確保の手立てをたぐってゆけば、必然的に政治運動となって発現せざるをえない。相愛会は市との太いパイプを通して、合同労働組合は市や雇用者側と対決することにより、これらの問題に積極的に取り組んでいた。いずれの活動も活発であったが、ここでは目に見える形で展開された運動を見てみることにしたい。

●――メーデー

メーデーは労働者の祭典というより、労働者が日常抱えている問題を、社会に向かって表明できる機会として捉えられていた。豊橋におけるメーデーは昭和三（一九二八）年にはじまり、その時の参加者は一〇名内外であったという［尾原 1966:49］。ところが合同労働組合の結成により活発化し、そこには朝鮮人職工や人夫・女工の参加が大きく与った。

昭和五年の第一一回メーデーは、名古屋市、瀬戸市、豊橋市で行なわれ、参加者は三八八名（内女性二〇名）を数える。ちなみに前年度の参加者はたったの八名であったというから、大幅な増加であった。豊橋では、当日参加者一五〇名が、大手橋北の空き地に集合し、午後二時より赤白青の旗を立て、労働歌を高唱し、松山から小田原を経て、東八町八幡社前まで示威行進をし、午後三時半に散会している［豊橋新報 S5/5/2］。

続く昭和六年は、麻眞田*従業員組合、豊橋製糸労働組合、全国大衆党豊橋支部などが歩調を合わせて準備をした。これに豊橋合同労働組合が豊橋朝鮮雄弁連盟とともに合流し、さらに全国農民組合二川支部も加わる。参加団体すべてが共同戦線を組んでメーデーに臨み、当日の参加者は一八〇名であったという。

＊麻の繊維をより合わせて、細い紐にしたもの。主として海外の婦人用帽子材料として使われた。

ところが昭和七年になると、参加者は主として二つの朝鮮人団体からに限られるようになる。しかし、その数は三〇〇名に達した。昭和八年も同様で、この年は第五回豊橋メーデーとして合同労働組合、豊橋失業者同盟、全農東三支部などに所属する朝鮮人三〇八名が、正午に豊橋市大手橋北東側空き地に集合することから始まる。豊橋朝鮮基督教会や朝鮮青年雄弁連盟で活躍し、合同労働組合の幹部となっていた金明元が司会の挨拶を述べ、これが中心となり、組合旗を押し立てスローガン旗七本を吹流し、メーデー歌を高唱しつつ、沿道の観衆が見守るなか東八町小公園まで行進し、午後一時に解散した。

示威行進中、警察の制止に従わなかった柳永辰以下一七名が検束されている。このメーデーには「花田町の製糸工場からの娘子軍三〇余名」や「嬰児を負んだ朝鮮婦人等多数参加」したという［参陽新報 S8/5/2］［新朝報 S8/5/2］。製糸工場で働く女工さんや、乳飲み子を抱えた母親も、こうした運動に関心を示し、実際に行動を起こしていたのである。

昭和九（一九三四）年は豊橋合同労働組合ほか一団体所属の朝鮮人のみによって敢行された。また渥美郡田原町においても、豊橋合同労働組合田原支部所属の朝鮮人による示威行進が行われている。参加者を警察当局は豊橋一九八名、田原五七名としているが、翌日の『参陽新報』は、豊橋のメーデー参加者を男九〇名、女三〇名の総勢一二〇名（『新朝報』では一五〇余名）とし、前年の三分の一にとどまったと報じた。

昭和八年一月の共産党一斉取り締まりにより合同労働組合幹部の多くは転向し、三信鉄道争議で名を馳せた執行委員長崔鐘夏は浜名湖に身を投げるなど、合労の活動は沈滞しつつあった。しかしその後朝鮮人による組合の強化が図られ、李春信を執行委員長とし、鄭海天を書記長格として陣容を整え、メーデーへ向けて、「嵐の如き国家主義の風潮に対抗してプロレタリア、インターナショナリズムの旗高く」［参陽新報 S9/4/14］準備を進めたのでここまで盛り返したのである。

当日メーデー参加者は予定通り新川町大手橋際の空き地に集合し、李春信が、開口一番「われわれはソヴィエト連邦を支……」と発したところで、警察官に中止を命じられる。その後鄭海天、金明元等の挨拶があり、司会者のリードで真紅の組合旗、スローガン旗を押し立てメーデー歌を高唱しながらデモに移り、東八町小公園に至りここで解散した。

この日掲げられたスローガンは「一、馘首、賃下、労働強化、臨時休業、工場閉鎖絶対反対　一、八時間労働制を即時実施せよ　一、資本家全額負担の失業保険を作れ　一、失業者家賃、電燈料、水道料をただにしろ　一、小作料半減、土地取下げ反対　一、下水道労働者の手帳没収反対　一、日鮮労働者団結万歳」であった［新朝報 S9/5/2］［参陽新報 S9/5/2］。当時の朝鮮人労働者が置かれていた環境が手に取るようにわかる。

昭和一〇年の第一六回メーデーは、スローガンに不穏当な項目があるということで、示威行進は不許可となった。四月上旬よりメーデーを決行すべく種々計画をめぐらされていたが、警察当局より当日の街頭示威行動が禁止されたため、この代わりとして当日午前一〇時より船原町にあった組合事務所で、合同労働組合および全農東三支部と合同で演説会が開催されている。参加者一二〇名（うち朝鮮人一一六名）、共同闘争委員長の鄭海天の挨拶後、弁士として李成旭以下八名が立ち、それぞれメーデー記念に関する演説を行なった。

その中で「製糸女工の神谷うめ子さんが虹の如き気炎をあげ、臨監の浅井警部に中止を喰うや演説会の空気はようやく興奮し、つづいて岩瀬進三君も中止を命ぜられ、かくて闘士数名交々起ってアヂ演説を行い、メーデー歌を高唱、茶話会に移らんとしたが臨監警察官のために解散を命ぜられ、正午ごろ会衆は三々五々メーデー歌を唄いつつ解散した」［参陽新報S10/5/2］という。

この折メーデーに対して圧力をかけたのは、官憲のみではない。昭和八（一九三三）年ごろから、政治戦線がすべて沈滞し、既成政党は立ち往生していた。左翼は右翼勢力に圧されて、一路退却の途を急いでいたという。国家主義諸団体の活動が活発化し、昭和九年のメーデー準備期には、大日本守国会豊橋支部を中心に在豊国家主義諸団体が、「メーデー粉砕、赤賊打倒、資本主義搾取経済を廃絶しろ」などのスローガンを書いたビラやポスターなどで、反メーデー運動を展開していた。昭和一〇年にも、メーデーデモの粉砕を期して、豊橋愛国者同盟、渥電従業員組合、豊橋自動車運転手組合などは対策協議会を開き、四月二五日に豊橋警察署を訪れ、「共産主義革命の予行演習を公認するとは怪しからん」ということで、メーデー時の示威行進を禁止するよう要請している［参陽新報S10/4/27］。

同じ労働者であって、資本家の搾取にあえいでいても、この解決を共産主義運動に求めることには反対していた人たちである。天皇を中心とする日本古来の家族愛を取り戻すことができれば、支配や搾取や民族差別などは無くなるという考え方に立脚していたに違いない。この国家主義諸団体はメーデー当日、合同労働組合の事務所付近で、「メーデーを粉砕せよ」という意味のビラを撒いた。ただこの場合でも、あくまで反共産主義であって、反朝鮮人でないことは注意しておかねばならない。

昭和一一年は首都圏で発生した二・二六事件を契機に、治安維持の名目で政治集会は禁止の方向に動いてゆく。内務省は五月一日以前に戒厳令が解除されても、示威行進や集会は厳禁する方針を立て、メーデーや、右翼が昭和九年以来行っていた四月三日の愛国労働祭も全国的に禁止することを、早くに決定していた。メーデーを前に合同労働組合は、鄭海天を中心に準備活動に入ったが、内務省の示達に基づき豊橋署でも、屋外の集会ならびに街頭デモを厳禁することにしたので、せめても屋内のメーデーによって気勢を上げようとした。

しかし「ファッショ万能の時代の流れか、東三の左翼陣営、完全に没落して笛吹けど踊らず」で、結局屋内メーデーもお流れになった。そこで豊橋署の諒解を得て、同日午前一〇時ごろから郊外散歩の形式で、市の東部にある岩屋山へと三々五々ピクニックにでかけ、「一日を有意義に送ったが、メーデー変じてピクニック」となってしまっている[参陽新報 S11/5/2]。

昭和一二年はメーデーの日が総選挙の開票日と重なった。各方面への影響をにらみつつ、メーデーへの対処について内務省は検討にはいったが、「メーデーがなんといってもその内容において反国体的であり日本の国柄とは絶対に容れないものであるから、祭政一致を標榜する林内閣*の手によって今後永久に日本の国土からメーデーを抹殺すべき」という結論にいたる。この強硬姿勢により労働団体も自発的に中止を決めるが、以後メーデーのみならず一切の屋外大衆運動は禁圧されることとなってゆく[参陽新報 S12/4/16]。こうして昭和五年以来、朝鮮人によって活発化していたメーデー示威行進は終わりを告げた。

＊陸軍大将林銑十郎による、一九三七年二月二日に成立し、同六月四日に総辞職した内閣。祭政一致を掲げたので、「神

権政治」への復古であると言われていた。

このように豊橋のメーデーは朝鮮人によって担われていたといってよい。当時のメーデーは、たんなるお祭り騒ぎでは参加できないほど、当局の厳重な監視下に置かれていた。したがってこれに参加するのは、よくよくの事情があったとみなければならない。しかし多くの見物人も集まってくることもあり、労働者による、貴重な意見表明の場でもあったということができよう。そこでは労働者が直面している問題がアピールされ、その解決が訴えられた。昭和七（一九三二）年については先に紹介したが、三百名の朝鮮人が参加した昭和八年のメーデーでも、これと同じく次のようなスローガンが叫ばれている。

一、首切り、賃下げ、労働強化、臨時休業、工場閉鎖絶対反対
二、八時間労働制度を即時実行しろ
三、同一労働に同一賃金を与えろ
四、資本家全額負担の失業保険を作れ
五、最低賃金一日二円五十銭を与えろ
六、性、年齢別、民族的差別絶対反対
七、労働手帳下付条件を撤廃し、全失業者に出せ［豊橋大衆 S8/5/1］

一の首切り、賃下げ、労働強化や、二の八時間労働制度の即時実行、四の資本家全額負担による失業保険、五の最低賃金一日二円五十銭、六の性や年齢による差別は、当時の労働運動一般が

取り組んでいた課題であったと考えられる。また、一の臨時休業、工場閉鎖の問題は、製糸業界の不況による工場閉鎖や、これを乗り切るため工場側がとった同盟一斉休業に絡んでいた。そして七にある労働手帳下付問題は、当時豊橋で進行していた下水道工事争議と連動したものである。

豊橋市は失業救済事業としてこの下水道工事を開始するにあたり、あらかじめ失業救済事業従業希望者を募集した。昭和六年一二月一四日登録申し込みを受け付け、これが認められると、労働手帳の交付となる。この労働手帳がなければ市の事業に従事することができなかった。毎日労働手帳と引きかえに仕事をもらい、済めばまたこの手帳が返却された。登録を申し込む者は、昭和八年五月以降になると、一八歳以上五五歳以下の身体強健なるもので、申し込み当日において六カ月以上市内に在住し、かつ本籍または寄留を有しなければならず、市長の発行した本籍または寄留抄本が必要であった。

加えて日本語による普通会話をなしうることも条件となり、登録申込書の内容は実際に調査され、豊橋警察署長地方警視がこれを証明することになっていた。昭和七年のスローガンにあった下水道労働者の手帳「没収」反対からも理解できるように、意にそわないことがあると、市はこれを取り上げたり、あるいは返却しなかったりで、労働者を従属下に置こうとしていた。

さらに六にある民族的差別は、三の同一労働に対する同一賃金にも通じる問題であった。朝鮮人であるがゆえに、低い賃金でしか雇用が確保できないことに対する批判がここに込められている。労働者の祭典であるメーデーのスローガンに、こうした問題が明示されるのは、コミンテルンの方針とはいえ同じ労働者として、朝鮮人が日本人と団結していろいろな問題に取り組もうとしていたからであろう。その証拠に、昭和九（一九三四）年には「日鮮労働者団結」として明示されている。メーデーや労働運動の禁止は、こうした架橋を崩すことになったといってよい。

昭和初期の豊橋に見られたメーデーは、朝鮮人が中心となって展開していた。当時、朝鮮の労働運動ははるかに進んでおり、一部では、日雇い労働者の団体に対して最低賃金制度や八時間労働制度の確立をみていたという。豊橋におけるメーデーに多数の朝鮮人が参加したのも、こうした背景のなかで考えるべきであって、労働運動やメーデーの意味を彼らが正しく理解していたからに他ならない。日本人労働者がいなかった訳ではないのに、その参加が皆無に近かったのは何故であろうか。

当時、朝鮮人男女が数百人の隊列を組んで、豊橋の街中を練り歩く姿は、まさに壮観であったであろう。現在豊橋における外国人労働者は、その数において当時をしのぐ。待遇が良くなったわけではないのに、メーデーでその改善を求め示威行進をしたという話は聞かない。現在の日本社会が、とてもそのようなことを許す組織もなければ雰囲気もないことが、最大の理由であろうが。

◉——反戦運動

在豊の朝鮮人団体はメーデーのような労働者のための運動以外では、いわゆる反戦運動にも取り組んでいた。戦争は帝国主義諸国の侵略行動によって発生しており、朝鮮もその餌食になっていたから、これは祖国解放へ向けての戦いと密接に結びついていた。豊橋合同労働組合は結成後はやくも、昭和五年一月一〇日、豊橋が軍都だったこともあって新兵の入営日を狙い、市内の各所で反戦主義のビラを撒布している。内容は「兵役一年短縮」とか「入営中の家族扶助国庫支払の要求」とかであった［豊橋大衆 S5/1/10］。

同じく三月九日には「不戦文字列記」のビラを、向山にあった工兵三大隊営舎内に投げ込んだとして、朝鮮人二名が引致され、ビラ三千枚が押収されている［豊橋新報 S5/3/2,11,12］。また昭和六年三月一〇日には、反帝国同盟の名を用い、「陸軍記念日とは何だ」など一種の宣伝ビラを、二川町岩屋観音付近の空き家で印刷していたところ、警察当局に探知され、合同労働組合員金成岩ほか三名が検挙された。しかしこれらは出版法違反にも問われず、後日釈放されている［参陽新報 S6/3/18］。

また当時、世界的な規模で開催されていた主要な反戦運動に連動して、豊橋でも諸種の行動が企画された。昭和六年の八・一反戦デー*では、豊橋合同労働組合員の河明完ほか一八名の朝鮮人が出席して、反戦座談会が開催されている。翌七年にもこの日を期して、豊橋市及び田原町の豊橋合同労働組合員が中心となり、スローガンを定め、失業朝鮮人を動員して市役所その他を目標にデモを敢行しようとしたが、警察が厳重に警戒していたため、わずかに宣伝ポスターやビラ等約三〇〇枚を貼ったり配ったりしただけに終わっている。

*一九一四年八月一日を第一次世界帝国主義戦争の幕開けととらえ、この日を国際反戦デーと定め、いっさいの帝国主

義戦争に反対すべく運動を展開する日とされていた。

九月の第一日曜は全世界勤労青年が国際的連帯のもと反戦のデモを闘う日（国際無産青年デー）*［豊橋大衆 S7/9/6］ということで、昭和七（一九三二）年九月三日、合同労働組合は朝鮮人組合員を動員し、日本労働組合全国協議会中部地方協議会と緊密なる連絡のもとに、警察当局を撹乱して、デモを決行しようとした。四日、組合幹部崔鐘夏ほか十数名は事務所で予定通り「仮装的座談会」を開催して警察の注意を引き付け、デモ隊として、新川町大手橋横空き地に朴学得ほか三〇名、松葉小学校前に約三〇名、中郷神社境内に数名の朝鮮人をそれぞれ待機させた。午後八時「米一升を八銭で払下げろ、工場労働者の待遇改善、戦争絶対反対」［参陽新報 S7/9/6］等のスローガンを印刷した「不穏ビラ」を撒布し、まさにデモに移らんとしたところを、警戒中の所轄署員に発見され、大乱闘のすえ朴学得ほか一六名の中心人物が検束されている。

＊資本主義国の勤労青年大衆が、自らの解放のため街頭に出て、革命的意思を表明する日とされていた。第一次大戦の戦火にあったヨーロッパ諸国の青年労働者の共同提唱によって定められたものといわれている。昭和七年九月四日は、第一八回目に当った。

また祖国解放へ向けての運動としては、一九一九（大正八）年三月一日にはじまった三・一独立運動*を記念する、各種の活動がある。昭和五年の三・一記念日に寄せて、豊橋合同労働組合の朝鮮人は、「第一二回朝鮮民族解放デー」及び「全被圧迫同胞兄弟諸君よ！怨恨に包まれた第一二回記念日を滴血で迎えよう」と題するビラを作成する。三・一独立運動を第一回朝鮮民族解放日とし、これから数えて一二回目が一九三〇（昭和五）年三月一日に当たる。しかし、豊橋憲兵隊、豊橋警察署特高課によって、二月二八日早朝、李元祭はじめ幹部一二人が検束され、これらのビラは撒布するにいたらなかった。

＊パリ講和会議で民族自決の原則が唱えられたことに触発され、朝鮮で発せられた独立宣言に呼応した民衆が、一九一九年三月一日独立万歳を叫んで、京城（現ソウル）中心部のパゴダ公園を起点として示威行動を起こした。時を同じくして平壌でも同様の行動が起こり、運動は朝鮮半島全体で数か月にわたって展開された。しかし、総督府による徹底した武力弾圧により鎮圧される。

もちろん一九一〇（明治四三）年八月二二日の日韓併合は、朝鮮人にとって屈辱以外のなにものでもなかった。昭和七年の日韓併合記念日には、合同労働組合が中心となり、市立労働紹介所に集まっている失業朝鮮人を動員して、市役所を目標に大衆的デモを決行しようと、その数日前より計画していた。しかし当日、警察の厳重な警戒に阻まれ、実行することができなかった。そこで組合事務所において、幹部の崔鐘夏ほか十数名により集会を催し、「帝国主義と民族問題にかんする討論を交えた」にとどまったという。

翌昭和八年も、合同労働組合が中心となって当日を「国辱記念日」とし、豊橋在住朝鮮人の「民族的意識昂揚」をめざし種々企画を立てていたが、当局の警戒が厳重であったため、今回も組合事務所で座談会を開催したにすぎない。幹部の李春信ほか一〇名が出席し、主として当時最大の懸案事項であった豊橋市営下水道工事の就労状態に関する不満と、これにかかわる賃金未払い問題に関し意見の交換をしただけであったという。

理論的には資本家による搾取から労働者を解放することが、民族解放に優先するとなってはいても、やはり祖国の解放は、最重要課題であったに違いない。労働運動に明け暮れても、やはり根底には朝鮮人としての意識が存在し、これが活動の源泉となっていたと考えられる。祖国や朝鮮文化に対するあつい思いこそが、この人たちをさまざまな活動へと駆り立てていた。

◉──市町村議会への進出

メーデーも反戦運動もいわば急進的活動に属し、常に警察当局の抑圧下におかれていた。昭和一一（一九三六）年以降、日中戦争および太平洋戦争へ向けて社会情勢が逼迫してくると、労働運動や反戦運動は、内務省の取り締まりにより不可能となる。在日朝鮮人の政治活動は消滅するかに見えたが、いっぽうで議会活動を通して朝鮮人の利益擁護をはかろうとする動きが現れはじめていた。

当時朝鮮人は、建前上日本人と同一国民であったので、大正一四（一九二五）年の普通選挙法公布以来在留者にも選挙権が与えられるようになる。これは、もちろん、在日朝鮮人側からの要求なくしては実現しなかったものであるが、豊橋市は大正一五年八月から、選挙人名簿の整備に乗り出す。各小字の総代を通じて、九月一五日現在で二五歳以上、二年以上の居住歴を有する「帝国臣民（内地、朝鮮、台湾人）」男子に申請書を提出させる「普選の調査」を行った［参陽新報 T15/8/5］。普通選挙は豊橋においては昭和二年九月二五日の県会議員選挙からはじまり、国政レベルでは翌三年二月の衆議院議員選挙から実施された。

他府県では、昭和四年一月二〇日の堺市会議員選挙に初めて朝鮮人の立候補があった。その後昭和六（一九三一）年六月、東京府北多摩郡府中町会議員選挙、同年九月の兵庫県会議員選挙にそれぞれ一名の立候補者があったがいずれも落選している。朝鮮人立候補者の主張は、「おおむね住宅問題、渡航問題、民族的差別待遇撤廃等」であったという。ところが昭和七年、相愛会副会長朴春琴が衆議院議員に、地方選挙では兵庫県尼崎市の「内鮮同愛会長」朴柄仁が尼崎市会議員に当選してからは、各種議会選挙に立候補する朝鮮人が次第に増加しはじめる。

昭和八年には東京、大阪、京都、兵庫、埼玉、愛知、岐阜、石川、岡山、広島、山口、福岡等の各府県下において、地方議会選挙に立候補した朝鮮人は二十数名に達した。そのなかで、東光一心会長金潤秀が東京立川町会議員に、正和会長李相雲が岐阜市議会議員に、愛国同心会長徐延柄が東京深川区会議員にそれぞれ当選し、さらに大阪、福岡、兵庫等の各府県下において町村会議員に当選したものが数名あった。

豊橋において参政権の行使に対する意識は、昭和三年の衆議院選挙ごろから芽生え始めたといってよい。このおり愛知県第五区、定員三名に対して六名が立候補し、朝鮮人有権者の動向が注目された。ただこの段階でも、豊橋在住の「鮮人中男だけで現在約二千に達しているが、寄留届が出て居なかったので、有権者はたった十七名に過ぎない」［参陽新報 S3/2/1］というありさまであった。

ところが昭和五年になると、朝鮮人有権者数が激増する。前年は約六〇名程度であったのが、

表１　昭和11年豊橋市会議員選挙朝鮮人立候補者

氏　名	年齢	原籍	職　業	得票総数	結果
張学出	38	慶尚北道	古物商	231	落選
趙漢国	42	忠清北道	貸座敷業	72	落選
崔鳳春	39	忠清北道	土木請負業	立候補辞退	

市役所が九月一五日現在をもって県市会議員並びに衆議院議員選挙名簿を作成したところ、一五〇名を越えることが判明する。これはもちろん寄留届けを出した朝鮮人の数が増加したことにもよろうが、候補者が支援者を確保すべく、朝鮮人に登録を進めたという事情もあった。特に前回の市会議員選挙で落選した候補者の中には、「朝鮮人にして有資格者約三〇名を列記して、市役所の当該係りに提出した」者もいたようである［新朝報 S5/10/25］。票田の掘り起こしであった。

こうして朝鮮人が国政や市町村政に関与するようになり、昭和一一（一九三六）年一〇月一〇日に施行された豊橋市会議員選挙にはじめて朝鮮人が立候補する。この動きは、すでに昭和九年から始まっていた。豊橋市花田町在住で、豊橋古物行商組合第二部の会長であった張学出は、市内に在住する「同胞八千名の生活向上と内鮮融和の目的をもって」、来るべき市会議員の改選に際し適当な候補者を擁立すべく、九月二四日午後六時より、市内花田町西宿大だるま食堂において第一回の準備委員会を開催したという。この段階で市内に在住する朝鮮人の有権者は五四二名であったが、選挙を目指して登録を働きかけることにより、その数は二千名を突破するであろうと考えられていた［参陽新報 S9/11/23］。

けっきょく昭和一一年の市会議員選挙では、三名が立候補の届けを出し（表1）、内一名は後に立候補を辞退している。結果はいずれも落選であった。同年九月一一日に施行された宝飯郡蒲郡町会議員選挙にも、相愛会宝飯支部に所属する金象伊という三五歳になる、慶尚南道出身の古物商が立候補したが、三八票しか獲得できず落選している。

ところがこの四年後、昭和一五年一〇月一〇日に行われた豊橋市会議員選挙に再び張学出が出馬し、三八二票を獲得して見事当選した。豊橋市議会史に燦然と輝く快挙といわねばならない。ちなみにこのおり、もう一名、忠清北道出身で四七歳の杉谷一という人物も立候補したが、五四票しか獲得できず落選している。またこの年七月に行われた幡豆郡平坂町の町議会選挙では、慶尚北道出身で四〇歳になる金栄伯という人物が、五六票を集めて当選していた。

晴れて豊橋市会議員となった張学出は、前述のようにこの時点では豊橋古物株式会社の社長でもあり、昭和九年に準備委員会を立ち上げる前から、同胞のための奉仕活動に積極的に関わっていた人物である。また昭和一二年二月の協和会豊橋支部（後述）の発会式では、朝鮮人を代表して答辞を述べる［参陽新報 S12/2/18］など、朝鮮人名士の一人であった。

朝鮮人の地方議会への進出が、各種の労働運動が閉塞状況に陥った後に果たされたのは意義あることである。まがりなりにも社会へ向かってのチャネルが確保されたといわねばならない。これは当時の状況下において、残された唯一の政治活動手段であったと考えられる。

四　人種主義社会へ向かって

朝鮮人の側からの自発的組織は、すでに指摘したように昭和一一（一九三六）年以降、次第に国家主導による組織に再編成されてゆく。*天皇制政府に対立する組織は暴力的に解体され、融和的団体は幹部がすべて警察関係者となってしまう。

＊豊橋で発刊されていた『参陽新報』『新朝報』『豊橋日日新聞』『東海朝日新聞』『豊橋大衆新聞』『あさひ新聞』の六紙も、昭和一三年一〇月三一日をもって廃刊とされ、一一月一日より『豊橋同盟新聞』に一本化される。理由は「新聞発行ノ本質的使命ト時局ノ進展ニ鑑ミ自主的且ツ大乗的見地ニ立ツテ」とされているが、政府の言論統制によるものであったことは間違いない。

昭和一〇年末に内務省社会局は、翌年の協和事業費として五万円を計上し、閣議の了承を得る。これは、朝鮮併合を契機として流入してきた朝鮮人を鋭意「内地化」すべく、その方策を講ずるための予算とされた。在日朝鮮人の「内地化」については、すでに大阪府協和会という財団法人が積極的に取り組んでいた。大阪府と警察当局の協力をえて、大きな成果を挙げていたという。これにならい、各都市に居住し、自分たち同士かたまって生活している朝鮮人の「教化指導に努めて生活を向上安定せしめるべく、府県都市当局と関係団体等と密接な関係を保ち相協力して融和の実を挙げん」［参陽新報 S10/11/30］とするものであった。朝鮮人の管理方法を全国一律化し、国民化しようというもくろみである。

愛知県においてもすでに一〇月二八日、県庁内において、特高課、社会課など関係各課合同による、「内鮮融和団体協和会設立」について準備協議会を発足させていた。ここでは相互扶助を掲げる相愛会が「会計の不始末や幹部団の暗闘などにより機能不全に陥る」など、朝鮮人のみの自治的救済団体は効力がないとして、「内地人も交じり半官半民の団体をもってこれを善導しよう」ということになっていた[新朝報 S10/10/27]。

●──矯風会と協和会

これを受けてか、豊橋警察署は、早くも昭和一一年四月、「内鮮融和をはかるため」[新朝報 S11/4/15]に、豊橋在住朝鮮人六千名を、矯風会という名称の組織のもとに統合しようと動き出す。組合を町単位に組織し、会長に豊橋警察署長、顧問に市長、会議所会頭、市会議長を迎え、係りとして町内の「優秀鮮人」二名、町総代*、方面委員、市社会課員、交番巡査を配置し、同年五月六日、発会式が豊橋署で挙行された。ごていねいにもこの発会式に先立ち、豊橋警察署特高課の巡査が君が代を朝鮮語に訳して、町単位の組合経由で会員にあらかじめ配布するということも行なっている。その後実際に巡査が町内へ出向き、これを教え込む[豊橋大衆 S11/4/26]という念の入れようであった。

*いわゆる町内会長。

矯風会は生活改善のスローガンとして、「住居を清潔にしましょう」「食物や米代を払いましょう」「衣服は朝鮮服を離れましょう」「子供はかならず小学校に入れましょう」「神社仏閣を参拝しましょう」［新朝報 S11/4/15］などを掲げ、これに一一組合のもと、支部会員六千名、五四八世帯が組み込まれたという［豊橋大衆 S11/5/6］。朝鮮人は不潔、貧困、無学という公的認識のもとで、ほぼ全員が組織化されたことになる。この矯風会は豊橋市が、「半島同胞の指導機関」として他の市町村に先駆けて作り上げたもので、名古屋市にあった朝鮮人組織、愛国青年団体が視察に訪れたりしている。

そして昭和一一（一九三六）年末になると、愛知県の方針であった、警察署を中心とする協和会の設置に合流すべく、豊橋の矯風会は愛知県協和会豊橋支部として再編成される。協和会も「内鮮融和、県下在留鮮人の文化向上を目的」とするが、矯風会と異なり内務省を中心とする全国規模の組織であった。昭和一二年二月一七日に発会式が豊橋警察署で行なわれ、支部長に豊橋警察署長、参与員として豊橋市長、豊橋市会議長、豊橋商工会議所会頭、豊橋市社会課長、これに「鮮人指導員として豊橋署特高主任、社会課書記一名、県駐在員一名ほか三名」が当たることになった。さらに「在住鮮人のうち有識善良なる者一二、三名が補導員として、指導員との間を円滑に行うことになり、補導員は毎月一回協議会を開いて同胞の善導につとめること」［新朝報 S12/2/7］になる。

これにより、「同目的で結成されている相愛会」は解散させられ、協和会に統合された。いっぽう豊橋矯風会は町別単位で組織されていたので、これを協和会各分会として存続させることになる［新朝報 S12/2/16］。協和会としては、末端に至るまでの組織が、すでに完成していたというわけである。同一「臣民」でありながら、朝鮮人を日本人とは別個に管理する体制が完成してゆく。これによって朝鮮人の自律的社会団体は、すべて消滅した。

●——教会併合

教会も例外ではなかった。先に述べたように豊橋には二教派の朝鮮人教会が設立されていた。もちろん邦人の教会も存在したが、言葉の違いにより朝鮮人独自の教会が必要とされたのである。信者数で比べれば、こちらの方が大きかった。

日中戦争が開始された昭和一二年七月、第三回朝鮮基督教会大会総会にて日本基督教会との「合同・協調」という苦渋の決定がなされ、日本基督教会との協議に入ることになる。そして昭和一五年一月の朝鮮基督教会臨時大会で「合同」が決定された。この段階で日本基督教豊橋八町教会を名乗っていた豊橋朝鮮基督教会は、北原健政（鄭箕煥）牧師のもとに、信者数は官憲の把握したところでは一〇五名を数えたという。

昭和一六年一二月二五日、この豊橋八町教会は日本人の豊橋教会に併合され、豊橋旭町教会（日本基督教団豊橋教会）となる。すでに豊橋八町教会は牧師不在となっており、豊橋教会の山田牧師が兼牧（兼任）していた。そのためか朝鮮人信者は宝山明俊（金明俊）中心に、二六名に減少してしまう。日本人教会への併合は、日本語による説教、皇居遥拝、神社参拝などの国民儀礼を受け入れることが前提となる。これらへの違和感から実際に日本人教会にとけこみ、定着した朝鮮人信徒はそれほど多くはなかったと考えられている［愛知県下における「朝鮮基督教会」の歩み］。

いっぽう豊橋聖潔教会は、昭和一四（一九三九）年四月三〇日に鄭禧燮牧師が去り、昭和一五年には呉台相（勝本正寛）を中心として、一二五人の信者を擁していた。ところがこの朝鮮耶蘇教東洋宣教会豊橋聖潔教会所は、昭和一六年に日本基督教豊橋花田教会となってしまう。新組織である日本基督教豊橋花田教会は、翌年の昭和一七年六月二六日に行なわれたホーリネス系教会に対する弾圧の中で、牧師の呉台相が検挙される。呉台相は一年後に拘留生活から解放されるが、花田教会は官憲によって解散を命じられてしまう。この間、信者は柳川次吉を中心に二五人を数えていた。

教会解散命令後、信者は日本基督教団豊橋教会の礼拝に出席するようになる。牧師であった山口徳夫の回想によれば、最初の合同礼拝以来、昭和二〇年六月二〇日の空襲による会堂焼失の日まで、「朝鮮人信徒たちは、出席の点でも、献金の点でも、奉仕の点でも、ややもすれば惰眠をむさぼり勝ちな日本人信徒の励ましになった」という。信仰を、生きてゆくための糧としなければならなかった、朝鮮人信者の姿を髣髴とさせる。牧師を辞めさせられた呉台相は、古靴修繕業に転じ、自転車で地方を回り、生計を立てたという。そして昭和二〇年九月、この豊橋聖潔教会の教会員と、日本基督教団豊橋教会から脱退した教会員（旧朝鮮基督教会員）によって豊橋教会として再出発する。

●――国家総動員体制による異文化排除

このように昭和一一年から、朝鮮人による自律的組織の解体と、これを官製組織へと再編する動きがはじまった。そして日中戦争が開始されるや、これを挙国一致体制の一翼を担う組織に組み込んでゆく。昭和一二年七月二九日に開催された協和会補導員会では、「北支事変」について事件の経過を朝鮮人同胞に説明し、「誤解」を生じさせないような取り決めがなされる。ついで、町民との融合を図りつつ、率先して時局に適った各種運動に、朝鮮人を参加させることになった。つまり「目下実施中の各班単位の愛国献金募集を徹底せしめ、在豊六千の半島同胞を一丸とする愛国運動の展開に邁進すること」にしたのである［新朝報 S12/7/31］。こうして戦争の遂行を目的とした国家総動員体制が確立されてゆく。

九月には、花田町在住の朝鮮人婦人によって結成された国防婦人会が、各家庭を回って国防金を取りまとめ、豊橋連隊司令部へ寄託するということがあった。これを契機に市では「内鮮融和と文字通り挙国一致体制を強化するため、管内居住の半島婦人全部に対して国防婦人会を結成さすべく積極的指導に乗り出すこと」になる［参陽新報 S12/9/5］。国家の一員であるという幻想を抱かせるため、日本人婦人のみならず、朝鮮人婦人をも組織的に動員してゆく。そして一〇月一〇日早朝、市内の朝鮮人を市公会堂の前に集め、全員を北郊にある石巻山に導き、出征将士の武運長久を祈願させている［新朝報 S12/10/10］。

ここで唱えられた「文字通り挙国一致体制」とは、朝鮮民族の紐帯とみなされた言語や習俗の圧殺を意味する。挙国一致体制を確立するためには、全国民が均一な存在になる必要があると考えられた。つまり異文化異民族は、排除されなければならない。協和会は各地区で、総代を中心に朝鮮人会員に、「日鮮融和」すなわち生活を「内地化」するための懇談会を開催させ、その方策を指示していた。

具体的には清掃、神社参拝、朝鮮人児童の公立学校への就学、朝鮮人婦人の和服着用などである。工場の休日となる一日と一五日は、専任指導員の指揮のもと、毎月班別に付近の神社や道路の清掃奉仕に動員した。これは朝鮮人の居住環境が不潔であるという認識のもと、これを自発的に改善させようという意図のもとに行なわれたものと考えられる。そして児童は、小学校はおろか、保育所や幼稚園段階から日本人とともにあることを良しとしている。また朝鮮服の廃止は、協和会による各地区での懇談会、講習会のたびごとに要請されてゆく。

矯風会が設立されるや、小学校への就学者は急増する。昭和一〇（一九三五）年には、学齢期に達している児童のわずかに二二名が就学したに過ぎなかった。ところが矯風会の設立後二か月にして、警察、方面委員、町総代の働きかけにより、学齢期に達していた九二名のうち、八八名が就学し、残り四名も手続き中という状態になる［新朝報 S11/6/11］。

昭和一二年六月二二日、田原町で開催された「日鮮協和青年会」では、「各戸に日章旗掲揚など種々事業をおこない、ちかく婦人全般に和服を着用せしめ、もって内鮮融和に尽力すること」［新朝報 S12/6/22］が取り決められたという。また昭和一四年三月協和会豊橋支部では、管内在住の朝鮮人婦人の「生活向上と内地礼式の習熟」を図るため、十五歳以上三〇歳までの中堅婦人八〇名を集め、講習会を開催している［豊橋同盟 S14/3/18］。

おなじく昭和一五年七月一七・一八の両日には、服装の「内地化統一」をめざして、羽根井小学校裁縫室にて裁縫講習会を開いた。これは朝鮮人に「服装の内地化統一を叫んでも、長年の習性と物価高騰も手伝って仲々実践変化されないので、従来の服装を改良してスカートとブラウス又はワンピース等に改良するためのもの」であったという[豊橋同盟 S15/7/19]。そして翌月の四日と五日、田原署が管内朝鮮人婦人三九〇余名の代表四〇名を田原技芸学校に呼んで、「衣類縫更並に仕立方」を講習したのもこれと同趣旨のものであろう[豊橋同盟 S15/8/3]。

次の記事は、こうした講習会の意図をよく表している。

協和会豊橋支部では半島生まれの御婦人に服装を通じて日本精神を体得させ、新体制下に協力させようと、十二日午前九時から豊橋市吉屋町龍拈寺に於て、着付結髪の講習会を開催した。受講生は全部半島生まれの中堅婦人六十余名で、講師は河合理髪組合長で純日本式結髪法からキモノの着付に至るまで一々丁寧に手をとって教え込まれ午後三時ごろ終講した[豊橋同盟 S15/12/13]。

半島生まれの人、つまり朝鮮人による自律的組織を解散させ、児童の教育に介入する。そして朝鮮人をして朝鮮人ならしめているものは、朝鮮語、服装、不潔な生活様式であると想定し、これを日本精神の真髄であるとみなす、日本語、和服、神道、清潔な生活様式に置きかえさせるような政策が、広範に展開されるようになったのである。

では、こうした方策に従わない人たちには、どのように対処したのであろうか。従来規律違反者は、日本人と同様法律に照らして処罰・投獄していたが、この段階になると、日本社会からの排除へと向かう。昭和一一（一九三六）年になると、豊橋署特高係りは、矯風会幹部と連絡を取って、「性質素行共に不良な朝鮮人」を朝鮮へ送還し始めていた。もちろん訓導教化に失敗したらの話であるが、このことは市内の朝鮮人に「センセイションを巻き起こした」という［参陽新報 S11/11/17］。またこの頃になると小学生や女学校の生徒に、朝鮮人犯罪者の裁判を傍聴させる事も行われるようになる［新朝報 S10/5/4］［豊橋大衆 S12/1/16］［新朝報 S12/2/10］［豊橋同盟 S16/1/28］。こうして日本人の中に共生ではなく、朝鮮人排除の精神が醸成されてゆく。

五　多民族共生社会の煌《きら》めき

最後に、国家総動員体制が均一な国民を作るため、文化的統合にどのように取り組んだか、そして多民族共生社会を下地にこれが展開されたことを確認する意味で、昭和一〇年ごろまでは在豊の朝鮮人が民族文化を享受し、かつ在来の住民がこれに理解を示そうとしていたことを見ておこう。自分たちとは違う言葉を話し、違った考え方をもった集団が存在することを認める体制であっても、ひとつの民族はひとつの文化を有するという考え方が存在するかぎり、容易に人種主義社会へ移行するということを認識する意味でも。もちろん民族概念を超えて、多文化共生社会へいたる途も存在したことを明らかにするためにも。

昭和一〇年ごろまでの豊橋は、朝鮮人蔑視が制度となって発動し、国民意識が深く浸透することによって、異文化を容認しないという態度を打ち出していなかった。自分たちとは異なる存在であることは感じつつも、隣人もしくは同胞としてその存在を容認しようという姿勢が卓越していたのである。新しい隣人の習俗や言語に配慮し尊重するため、諸種の方策も採られていた。

◉――朝鮮劇の公演

朝鮮人は独自の互助組織、労働組合、宗教団体などを形成し、これを自律的に発展させてゆくため、さまざまな文化活動も展開していた。すでに大正一四（一九二五）年、相愛会豊橋支部主催で、朝鮮劇が公開されている。一〇月一五・一六の両日、豊橋座に「高名な朝鮮人俳優の一座」が招かれ、「女流名唱李中仙および名優」による純朝鮮古典劇が上演されている。剣舞、僧舞、伽琴*の演奏などもあり、収益は相愛会の基本金に充当されることになっていた［豊橋新報 T14/10/13］。

＊剣舞（コンム）は、武術に起源を持つ宮廷舞踊の最古の演目。僧舞（スンム）は仏教儀式に由来する、芸術性の高い朝鮮の伝統舞踊。伽琴（伽椰琴、カヤグム）は朝鮮の代表的平置き弦楽器。

また同趣旨で、相愛会は昭和三（一九二八）年一二月一五・一六の両日、蝶春座で「朝鮮一流芸妓、妓生十数名にて、朝鮮芸妓の大競演会」を開催している。一座は「何れも花をあざむくばかりの美人揃いで、加うるに純粋な朝鮮芸術を誇る演芸種目のみをもって網羅」［豊橋新報 S3/12/16］していた。いずれもめったに見られない珍しい演劇とあって、多くの観客が詰めかけたという。

こうした文化活動は、日本人との交流を押し進めることにもなった。昭和二年四月一日、在豊朝鮮人のためとして、豊橋警察署の斡旋で朝鮮映画が上映されている。これは日本国内を巡回し、朝鮮固有の演劇を撮影した映画を公開するために組織された「活動写真隊」によるもので、朝鮮総督府が日本で働く朝鮮人を慰安すべく音頭を取っていたものである。午後七時から松山尋常小学校で開催され、入場者は「朝鮮人二千余名内地人五百余名にて、堂内に収容し切れるだけ入場したが入場できずして、止むなく帰りたる者多数あり頗る盛会であった」［東海朝日 S2/3/30］という。

ここで上映された映画は朝鮮に関係のあるものだけで、その説明もすべて朝鮮語で行なわれた。

朝鮮人に対する懐柔策とも考えられるが、協和会設立以降の政策からすれば天と地の開きがある。注目すべきは、これが政府主導であったことに加え、「内地人」も多数参集したことである。蔑視という言葉では説明できない、朝鮮文化に対する関心が存在したことがうかがい知れる。

他にも例がある。先述の如く、豊橋共進夜学院が、昭和六年二月二四日朝鮮文化への理解を深めてもらうためとして、朝鮮劇公演を主催していた。昭和九年一〇月にも、朝鮮語による演劇会が開催されている。この年の夏、朝鮮を襲った風水害にたいするチャリティ上演であった。一四・一五の両日、豊橋劇場で朝鮮語の演劇を公演し、この収益をもって義捐金とし、罹災地に送ることになっていたという。

その演目は、「新アリラン」「僕の失恋譚」「怨恨」其他小唄、舞踊であったが、朝鮮語のみが使用された。この折、豊橋で文芸誌を発行する「ゴールデンバット社」は、演劇部を新しく組織し、第一回公演を「鮮語劇団と協演し、郷土新劇運動開拓に乗り出す事となった」という［参陽新報 S9/10/12］。義捐のための催しであったとはいえ、朝鮮人の文化活動に刺激され、豊橋でも新しい演劇活動が創造される機運が生まれたというべきであろう。

●──豊橋で見られる朝鮮の習俗

朝鮮文化に対して理解を示すという意味で、朝鮮式葬儀への配慮もある。在豊朝鮮人に不幸があった場合、通常は簡単な式の後、そのまま自動車で市営火葬場に運んで荼毘に付していた。ところが朝鮮における葬儀は、「頗る華美をもって哀號々々の叫声とともに、十数人の親類縁者が神輿によく似た棺を担いで街を練り歩いた」のち、埋葬することになっていたらしい。遠く日本に出稼ぎに来ている朝鮮同胞は、せめて葬儀の際だけでも朝鮮式に営みたいという希望があったという。

現に昭和三（一九二八）年七月、渥美郡牟呂吉田村の製糸工場で、朝鮮人工女金文仁（一八）が病死した際、その葬儀を日本式に執り行なおうとしたところ、近くに住む朝鮮人十数名が殴り込みをかけるという事件があった。日本式葬儀は生前本人の希望であり、両親も諒解していることであると事前に説明していたにも関わらず、「日本風の葬式を為すは怪しからぬ、鮮人風の葬儀を行え」［東海朝日 S3/7/31］と要求していたからである。

身内でもない者がこのような要求をするのは、自分たちの習俗に対するこだわりと、これがないがしろにされたことに対する朝鮮人としての反発があったからであろう。昭和九年六月、東田町方面に集住する朝鮮人の代表者は豊橋署に出向き、朝鮮式葬儀を行ないたい旨を伝えた。豊橋署としては、葬儀についてかれこれいうべき筋合もないので、許可する旨回答している。

これを受けて、東田町在住朝鮮人同胞は共同出資の形で、純朝鮮式葬具を新調し、今後不幸のあった場合は、純朝鮮式棺を十数人で担ぎ、「哀號々々で市街を練り」歩き、しかる後に火葬場へ赴くことになったという。朝鮮式葬儀が行なわれることを報じた記事は、「したがって豊橋市に新しく朝鮮風景が時々見受けられる訳である」と結んでいる［新朝報 S9/6/28］。朝鮮文化に対して不快感を示す態度など、みじんも感じられない。

またシルムという朝鮮式相撲がある。日本と違って、足と腰にまわした紐をつかんで競う。昭和九年六月九日付けの『参陽新報』は、「日鮮融和の目的でこの地方在住朝鮮人を主体として組織されている」融和会の主催により、各方面後援のもと六月一六日より三日間、花田大山塚踏切そば空地において、朝鮮相撲大会が開催されることを伝えている。この地方では初めてであり、朝鮮古来の競技として興味深いものであるから期待されている、ということであった。昭和一一年一〇月にも田原で、同様の相撲大会が開催されている。地元有力者の後援により自転車、箪笥などの商品を用意し、出場者は名古屋はじめ愛知県全域のみならず西遠方面にも及び八〇余名に達したという［新朝報 S11/10/17］。朝鮮の文化は、こうして守られていたのである。

●──朝鮮語が使える

民族のアイデンティティ保持という点では、言語の問題は避けて通れない。もちろん日本語を話しても、朝鮮民族としての誇りを語り続けることは可能であり、民族の魂は言葉に宿るということはない。現に昭和八年になると相愛会は、積極的に朝鮮児童の公立学校への就学を奨励するようになる［東海朝日 S8/7/28］。しかし朝鮮人をこの世から抹殺するため、朝鮮語の使用を禁止した経緯に鑑みれば、民族語の使用に対する配慮がどのようなものであったかは看過できない。豊橋では、大正末から昭和初期にかけて朝鮮人が一挙に増加したことにより、意思疎通へ向けての対応を迫

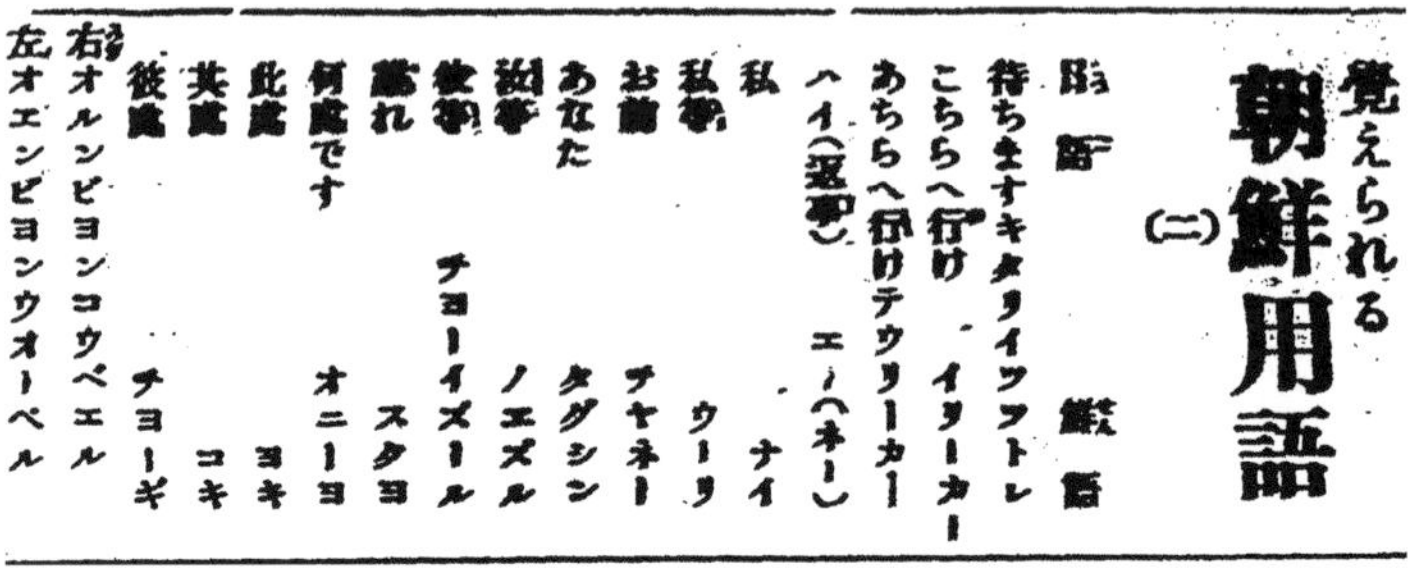
覚えられる
朝鮮用語
(二)
あちらへ行けテウリーカー
あなた タグシン
何處です オニーヨ
右オルンピヨンコウベエル
左オエンピヨンウオーベル

図８　覚えられる朝鮮用語（『東海朝日新聞』昭和4年9月18日）

られることになる。協和会発足以後は、日本語を強制することでこれを解決しようとしたが、この時期は違っていた。

例えば、豊橋駅では朝鮮語を解する駅員の養成を目指す。昭和三（一九二八）年の新聞記事によると、豊橋駅には毎日「多い日で百名内外、少ない日で三十名内外の朝鮮人」が降りる。これらはいずれも田口鉄道とか三信鉄道とか、その他当時盛んになった土木事業での雇用目当てであるが、豊橋市にも「三千人」の朝鮮人が居住しており、朝鮮語のわかる駅員がいないので困りきっていた。そこで駅員二〜三名に、相愛会の支援をあおぎ朝鮮語の研修を受けさせることになったという［東海日日 S3/9/22］。

また昭和四年九月一五日付の『東海朝日新聞』には、「覚えられる朝鮮用語（二）」という記事が見える。「豊橋には朝鮮人が多いこと驚くばかりである、朝鮮語の一つ二つは覚えていた方が何かの時にきっと役に立つ」として、九月一九日まで三回に分けて連載した（図８）。「未婚の者　チョンガー、来なさい　オシヨ、帰ります　トラカンダ」など日本語とそれに対応する朝鮮語をカタカナで併記し、朝鮮語の学習を勧めている。

豊橋の日赤診療所でも朝鮮人の患者が急増したため、通訳を置いて診察を行なうことにしていた。昭和三年の日赤豊橋診療所における総患者六四六名中、朝鮮人は四一名であったが、昭和四年になると五月末までの総新患者四七八名中、朝鮮人は七一名で、五月だけでも三四名を数えた。その急増に対応するため診療所では、朝鮮人患者の診察時間を午前一〇時半より正午までの間と定め、相愛会本部に通訳の派遣を要請する。通訳は日々出張して来て、朝鮮人患者の世話も引き受けていたという［参陽新報 S4/6/4］。

行政においても、事情は同じであった。昭和六、七年に失業対策事業として、下水道工事が内務省より認可されたのに伴い、市は労働職業紹介所を拡充することにした。職員の増員も計画され、特に朝鮮人失業者の救済のため、朝鮮人嘱託を雇用してこれに対応することにしたという［新朝報 S6/9/12］。そして昭和一一年に市役所は、市内在住の朝鮮人が届け出その他を円滑に行なえるよう、朝鮮人戸籍係の採用を決定している［豊橋大衆 S11/6/12］。

以上は統治・管理の必要上といってしまえばそれまでだが、その後の協和政策で見られたような、日本語の一方的押し付けによる解決は意図されていなかったからこそ、朝鮮人の通訳や職員を採用したものと考えられる。先に見たように、そもそも朝鮮人が代議士や議員になる道は開かれていたから、当時朝鮮人を公職に就かせることは特別視されていなかったに相違ない。

●——朝鮮文字での投票

選挙権が朝鮮人男子にも認められたことは先に見たとおりであるが、昭和五年二月の衆議院選挙にさいして、朝鮮文字（ハングル）での投票が認められるようになった。邦語文字以外では

図9　昭和５年市役所で検討された選挙投票用朝鮮文字対照表

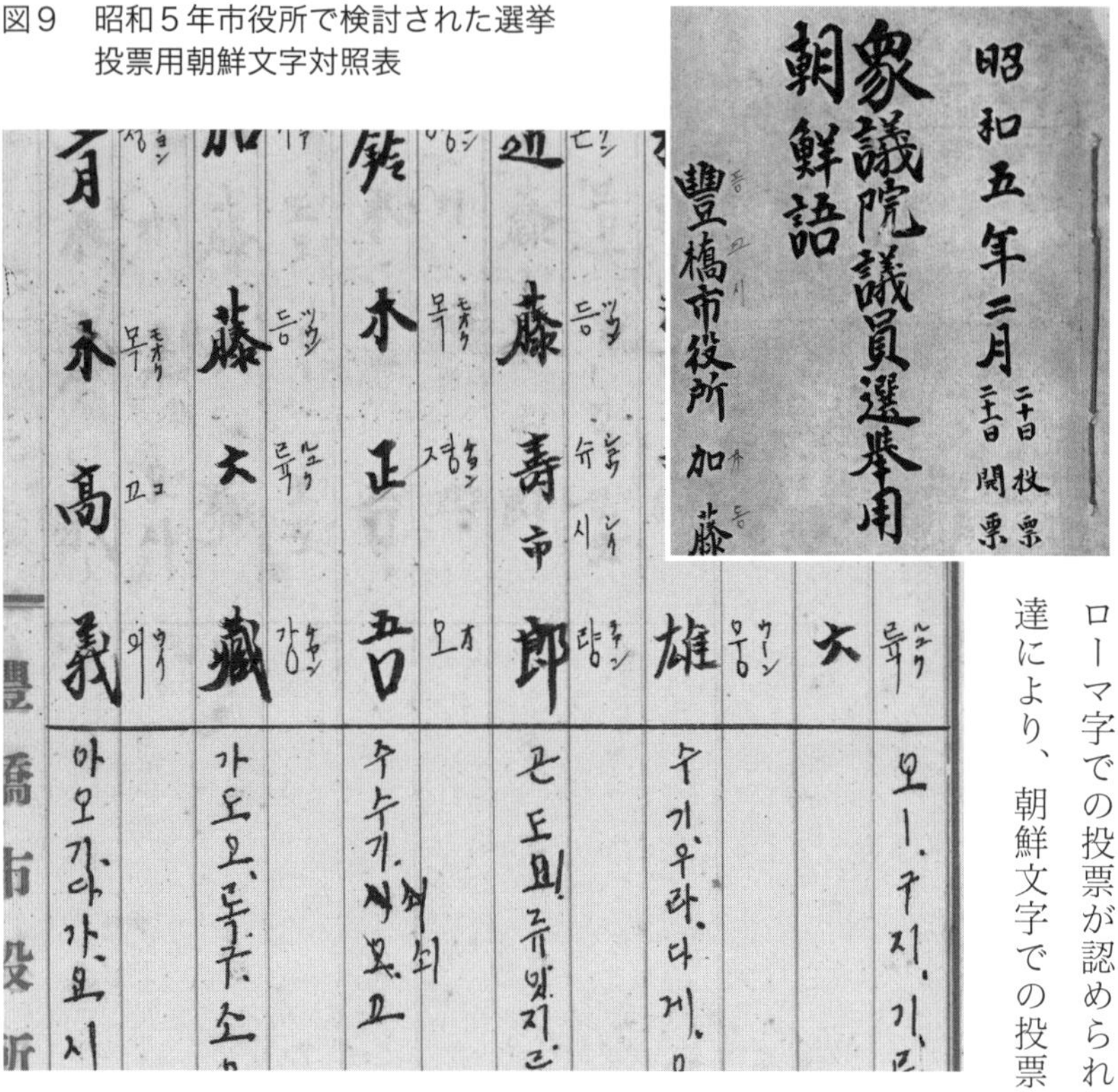

ローマ字での投票が認められていたに過ぎなかったが、内務省よりの通達により、朝鮮文字での投票が可能となる。* 従来使用文字の関係から、投票所に赴く者は朝鮮人有権者中「ほんの少数で」あったが、これによって選挙権行使率が次第に増加することが期待された。このことを周知せしめるため、市当局は改めて市内在住の朝鮮人有権者に注意書を送るなどの方策を講じている［新朝報 S5/2/26］。

* もちろんこれが実現するには、「全国朝鮮假名投票実施請願連盟」をはじめとする、各方面からの運動があったことを忘れてはならない［松田一九九五］。

そもそも衆議院議員選挙法およびその付属法令中に、議員候補者の氏名を記載すべき文字の種類については、何ら制限する規定はなかった。したがって、日本固有の文字でなくても、その文字を用いて自他の氏名を記載するものが少なからず存在する以上、その投票を無効とすべきではない。内務省大審院がローマ字を用いて記載した投票を有効としていたのは、この理由による。ところが朝鮮文字をもって記載した投票については、大正一三（一九二四）年にこれを無効とする旨、省議で決定していた。

ただしこれは在日朝鮮人の数が少なかったからで、昭和四年には二七万余人に達し、なお増加しつつある状況のもとでは、朝鮮文字も相当多数の者の間で使用されていると認められた。また朝鮮人の選挙に対する意識も高まっているのに、たんに日本固有の文字を書くことができないため、せっかくの権利を行使できないというのは、事実上はなはだ不当と言わざるをえない。こうした点を斟酌して、内務省は大正一三年の省議を変更することが相当と認めるに至ったのである［豊橋新報 S5/2/3］。

ここで問題となったのが日本語の発音にしたがって朝鮮文字を充てるのか、候補者名の漢字を朝鮮語読みにして、それを発音通りに書いても有効と認めるのかということであった。日本のカナ一文字に対する朝鮮文字の書き方は十通り近くあり、さらに名前に使われている漢字の朝鮮語読み表記法にしても十数通り存在する。諸種検討された結果、朝鮮語読みによる投票は候補者の識別が極めて困難であり、事実上無効となる場合が多いという予想のもとに、日本語の発音にしたがって朝鮮文字で投票しなければならないとされた［豊橋新報 S5/2/7,17］。そこで市役所では、カナと朝鮮文字との対応表を作成し、候補者の朝鮮文字表記例をいくつか想定して（図9）、これを投・開票所で用いることにした。

この時朝鮮人の有権者は五九名で実際に投票したものは三二名、棄権者は二七名であった。投票に朝鮮文字を用いたものは四名で他は日本字で投票している［豊橋新報 S5/2/22］。意外と少数であったため、市役所では改めて朝鮮人有権者に対して、投票方法につき説明書を送付することにした［新朝報 S5/2/26］。そして、先述の如く、その年の一〇月に行われた県市議会議員の選挙に際しては、登録有権者が一五〇名を突破する勢いとなる。

これは、立候補者が地盤拡大のため、資格を持つ朝鮮人に選挙人登録を勧めたことにもよるが、朝鮮文字による投票が、朝鮮人の有権者意識を高めた結果であるとも考えられる。その後どのあたりの選挙まで、この方式が採用されたかどうかは確認できないが、すくなくともこの段階では、たとえ少数であっても権利の行使に適切な配慮がなされていたと言わねばならない。

以上見てきたように昭和一一（一九三六）年までの豊橋は、朝鮮人が朝鮮民族としてのアイデンティティを保持することに理解を示す社会であったと考えてよい。たしかに朝鮮は、日本の植民地とされ、朝鮮人は被支配民族とみなされたが、一方では同一国民としての権利も付与されていた。相対的な評価とはいえ、一時的にせよ、一国に複数の民族が存在することを肯定する社会が出現していたということができる。

おわりに——多文化共生施策のあやうさ

日本は広い。同じ国民といわれても、だれがどこに住んで、どのような暮らしをしているのか分からない。したがって一人ひとりに、同じ国民という意識を創り上げようとすれば、それなりの施策が必要である。国家総動員体制のもとで、外敵と戦うという共通の経験を強いることは、いいいいいい私たちは日本人であるという意識の形成にとって、てっとり早い方法であった。国家の構成員を、天皇を中心とする血族的団体として結び付け、一丸となって外国勢力に挑む。

朝鮮や台湾は、その当時日本国家の一部ではあった。しかし、異民族の国であるという意識はなくなっていない。したがって味方として安心するためには、違いをできるだけ消し去りたいと思う。日本語の強要、創氏改名、神社参拝により、国民化つまり「内地化」が図られる。一国は一民族によって構成されているという考え方も、主流になってゆく。「血」を民族性の根源と考え、国民は同じ「血」を有する者の集まりと想像する。とどのつまり、国籍と民族が重ね合わせて考えられるようになる。こうなるとひとつの国家は、ひとつの民族によって構成され、そしてひとつの文化を享有するという前提に立ち、国民と民族と文化を分けて考えることができなくなってしまう。

朝鮮民族は大和民族に呑み込まれ、その違いが目についてはならない。一民族の消滅に心が痛まないのは、優秀な大和民族、劣った朝鮮民族という前提があってのことである。二つの民族が融合して新たな国民が誕生するというのではない。朝鮮民族は消え去るべきである、それは存在しない方がよいとなる。

人を理解するうえで、民族を重要な指標とする考え方がゆきわたっていたので、人種主義社会への道は近かった。言語や生活習慣を民族の根源的要素と考え、これが「血」に由来するとすれば、民族は固定的なものとなる。ただ他民族の文化には介入しない、尊重もするというあり方も可能である。昭和初期の豊橋がそうであったように。しかし、民族や国家の危機という事態に直面すれば、内部にかかえる異民族は、吸収・排除・抹殺の対象とされてしまう。多民族共生社会とは、そのような社会である。まさにあの頃は人種主義社会への前段階であった。

敗戦により、在日朝鮮人を国民化する事業は未完に終わった。吸収しそこねたものは、排除の対象でしかない。日本国民にするのは諦めるので、出て行ってくれとなる。過去の経緯は忘れ、そもそも相容れない存在であったからだと。総力戦体制の中で、一国家一民族の考え方が定着した証拠である。戦争を契機として、いまや単一民族神話が幅を利かし、これ一辺倒の社会になってしまった。だから、もし日本国民になっても、同胞としては認めない。

戦後日本は民主化され、在日コリアンの人権も次第に回復されているというが、そうだろうか。本当に、戦前の人種差別は今よりひどかったのであろうか。豊橋における在日朝鮮人の歴史を振り返る限りにおいて、差別の構造は複雑化し、人種主義的考え方が広がっているように思えてならない。まだしも昭和初期の豊橋には、朝鮮人やその民族性を受け入れる下地が存在していた。朝鮮人は貧しくとも、政治的にも文化的にも、主体性をもった存在として、生活を送っていた。経済的には満たされていても、政治的文化的に、常に周囲の目を気にして、何も行動を起こせない、今の社会と何と異なることか。

現在の日本で、在日コリアン、日系ブラジル人など、外国人労働者と呼ばれる人たちが、あるいは権利回復をもとめて、あるいは賃金引上げをもとめて、街中をデモるなど、とても考えられない。それはこの人たちに勇気がないからではなく、周りにそれを許さない人種主義的言説や現象があふれかえっているからである。日本人として生まれてよかったと思っている人たち、海外での日本人の活躍をわが事のように喜ぶ人たちの冷たい視線に毎日貫かれ、声も出ないというのが実情であろう。

アジア太平洋戦争を経て日本国民は、今ではすっかり国家に飼い慣らされ、一国家一民族一文化という排他的な考え方が、深く浸透している。国家と民族と文化をそれぞれ切り離して考えることができなくなってしまった。人は、どんな「血」が流れていようと、育ちやその人の考え方により、どのような文化も享有できるし、また生み出すことができるということに思いを致すことができない。愛国心を国家の構成員に強《し》い、日本民族の繁栄を謳う新教育基本法が成立するゆえんである。

右を見ても左を見ても、国家の繁栄のため、日本民族の平和のため、日本社会の安定のため、日本の文化や心を育むため、というパラダイムが幅をきかす。そして、教育の現場における教師の裁量権や、子供を生むとか生まないとかという、いわゆる個の判断に委ねられるべき領域がますます狭められてゆく。みんな、知らず知らず全体があっての個、という考えかたをするようになっている。これは紛れもなく、わが身を振り返ったときの実感に他ならない。

人種主義的考え方が主流となった今、民族の枠にとらわれない、多様な生活のあり方を保証する多文化共生社会への試みがなかなか理解されず、いつの間にか多民族共生社会への施策にすり替わってしまうのも、無理からぬことであろう。文化をコリアンの文化、日系ブラジル人の文化という文脈で考える限り、「血」を文化の根源と考えるところで成立した多民族共生的考え方と何ら変わりはない。

そもそも文化という概念こそがつかみどころがない。何のために、誰のために、このような概念が存在するのかを考えてみる必要がある。人を理解するためなら、一人ひとり違うものだと考えれば済む。なぜ人をグループ化するときに、これを使うのか。コリアンの文化はこうだ、日系ブラジル人の文化はああだと定義し、それで個人を判断するから間違いが起こる。定義の内容が、現実と食い違っているからではない。文化の語法に問題があるからである。たとえば異文化という言い方は、新しい考え方、これまでになかった生き方を学ぶうえでは有用だが、個人を理解しようとする際、これを用いると大変なことになる。言葉の定義や使い方は、社会組織と連動している。どのような社会になれば、個人を定義された文化で判断するような思考から解放されるのであろうか。いつもそのことばかり考えている。

本稿はすでに発表したいくつかの拙文を、新たな視点で再編集したものである。いくぶん重なる所もあるが、大部分は修正・加筆した。ブックレットとして生まれ変わらせるについては、あるむ代表の川角信夫氏に貴重なご意見を賜った。またここで利用した『豊橋大衆新聞』、『新朝報』、『東海朝日新聞』、『豊橋日日新聞』、『豊橋新報』、『参陽新報』、『豊橋同盟新聞』の朝鮮人関係記事は、当時学生であった奥大介、櫻井大介、柳澤辰哉、寺尾真人、玉屋志門、芦沢知代、伊藤しのぶ、桑原君代、野沢あゆみ、大沢愛、小崎麻里、橘秀夫、迎清英、下沢亜紀子、福岡啓子、長谷純司、佐原裕美、上野充の各氏によって作成されたスクラップ・ブックによる。豊橋中央図書館に通い、読みにくいマイクロフィルムから関連記事を検索し、これを切り取り整理する作業はさぞかし大変であったろうと推察される。また本文で使用した朝鮮人教会の写真は、名古屋市の徐海錫氏よりご提供頂いた。記して感謝の意を表したい。

史料・参考文献

『参陽新報』（本社　豊橋市西八町三八　明治三二年二月一一日創刊）
『新朝報』（本社　豊橋市上傳馬町七一　明治三三年一一月三日創刊）
『豊橋新報』（本社　豊橋市中八町一〇八　大正一〇年一二月二二日創刊）
『豊橋日日新聞』（本社　豊橋市松葉二五五　大正六年二月一六日創刊）
『豊橋大衆新聞』（本社　豊橋市前田南町一九一　昭和六年七月一三日創刊）
『東海朝日新聞』（本社　豊橋市中八町一六六　大正一一年一一月二三日創刊）
『豊橋同盟新聞』（本社　豊橋市西八町　昭和一三年一一月一日創刊）
『愛知県統計書』
愛知大学東洋史学研究室（一九九七）「ある在日朝鮮人家族の軌跡（その二）――高牙面・大阪・下伊那・豊橋」『愛大史学』（愛知大学文学部史学科）第六号、一五三～二〇六頁。
伊東利勝（編著）（一九九二）『公開シンポジウム記録　豊橋の国際化を考える――ある中国人の叫び』紀要特集号九五、愛知大学国際問題研究所。
伊東利勝（一九九二）「ある在日朝鮮人家族の軌跡――豊橋に住み着くまで」『愛大史学』（愛知大学文学部史学科）創刊号、三九～七七頁。
伊東利勝（一九九六）「昭和初期豊橋における在日朝鮮人の動向――地方における大衆運動の萌芽」『愛大史学』第五号、五九～九四頁。
伊東利勝（一九九七）「朝鮮人のまち豊橋――大正および昭和初期在日朝鮮人の人口」『愛大史学』第六号、八五～一一二頁。
伊東利勝（一九九八）「昭和初期豊橋における朝鮮人の社会運動」『ヒューマンレポート』第8号、二九～三八頁。
小原與吉（一九六六）『東三河豊橋地方社会運動前史』権田印刷。
斎藤　勇（一九八六）「一九三〇年夏・三信鉄道争議」『東海近代史研究』第八号、三四～四八頁。
豊橋市近世民俗資料調査委員会編（一九七五）『豊橋蚕糸の歩み』豊橋文化協会。

豊橋市役所編（一九三六）『豊橋下水道誌』豊橋市役所。

日本基督教団中部教区愛知西地区靖国神社問題特設委員会編（一九九八）『愛知県下における「朝鮮基督教会」の歩み――戦時下を語る証言に聞く』在日大韓基督教会在日韓国人問題研究所。

橋山徳市（一九九〇）『糸の町』横田印刷所。

広瀬貞三（二〇〇一）「三信鉄道工事と朝鮮人労働者――『葉山嘉樹日記』を中心に」『新潟国際情報大学情報文化学部紀要』新潟国際情報大学、第四巻、一九〜四四頁。

朴慶植編（一九七六）『在日朝鮮人関係資料集成』三一書房、全五巻（『社会運動の状況』が収録されている）。

松田利彦（一九九五）『戦前期の在日朝鮮人と参政権』明石書店。

宮崎鎮雄他編（一九七六）『冬の日の追憶――東三河社会運動物故者を偲んで』東三河社会運動物故者を偲ぶつどい実行委員会。

山口徳夫『慈雨に濡れつつ哀歓七十七年』（謄写版印刷）。

「要視察人関係雑纂、外国人ノ部 第四巻」（外務省外交史料館所蔵）。

吉川利明（一九六七）『豊橋の町名の変遷』豊橋文化協会。

吉川利明（一九九七）『飯田線　1897〜1997』東海日日新聞社。

【著者紹介】

伊東利勝（いとう　としかつ）

1949年　佐賀県生まれ
1973年　成城大学経済学部卒業
1981年　愛知大学文学部助手
1985-87年　外務省専門調査員
（在ヤンゴン日本大使館付）
現　在　愛知大学文学部教授
主要論文＝Karens and the Kon-baung Polity in Myanmar, *ACTA ASIATICA* (The Toho Gakkai), Vol. 92 (2007).
「エーヤーワディー流域の古代都市」『東南アジアの都市と都城Ⅱ』東南アジア考古学会研究報告第4号 (2006年)
「所領の抵当売却——コンバウン朝前期ビルマにおける中・小ダチーの事例」『東洋學報』第82巻第2号 (2000年)
研究分野＝東南アジア経済史

愛知大学綜合郷土研究所ブックレット ⑭
多民族共生社会のゆくえ　昭和初期・朝鮮人・豊橋

2007年 3 月31日　第 1 刷発行
著者＝伊東利勝 ©
編集＝愛知大学綜合郷土研究所
〒441-8522 豊橋市町畑町1-1　Tel. 0532-47-4160
発行＝株式会社 あるむ
〒460-0012 名古屋市中区千代田3-1-12　第三記念橋ビル
Tel. 052-332-0861　Fax. 052-332-0862
http://www.arm-p.co.jp　E-mail: arm@a.email.ne.jp
印刷＝東邦印刷工業所

ISBN978-4-901095-84-6　C0321

刊行のことば

愛知大学は、戦前上海に設立された東亜同文書院大学などをベースにして、一九四六年に「国際人の養成」と「地域文化への貢献」を建学精神にかかげて開学した。その建学精神の一方の趣旨を実践するため、一九五一年に綜合郷土研究所が設立されたのである。

以来、当研究所では歴史・地理・社会・民俗・文学・自然科学などの各分野からこの地域を研究し、同時に東海地方の資史料を収集してきた。その成果は、紀要や研究叢書として発表し、あわせて資料叢書を発行したり講演会やシンポジウムなどを開催して地域文化の発展に寄与する努力をしてきた。今回、こうした事業に加え、所員の従来の研究成果をできる限りやさしい表現で解説するブックレットを発行することにした。

二十一世紀を迎えた現在、各種のマスメディアが急速に発達しつつある。しかし活字を主体とした出版物こそが、ものの本質を熟考し、またそれを社会へ訴える最適な手段であると信じている。当研究所から生まれる一冊一冊のブックレットが、読者の知的冒険心をかきたてる糧になれば幸いである。

愛知大学綜合郷土研究所